COURS PRATIQUE

DE

PÉDAGOGIE

Paris.—Imprimerie Bonaventure et Ducessois, 55, quai des Gr.-Augustins.

COURS PRATIQUE
DE
PÉDAGOGIE

DESTINÉ

AUX ÉLÈVES-MAITRES DES ÉCOLES NORMALES PRIMAIRES

ET AUX INSTITUTEURS EN EXERCICE

PAR M. DALIGAULT

Directeur de l'École normale primaire d'Alençon.

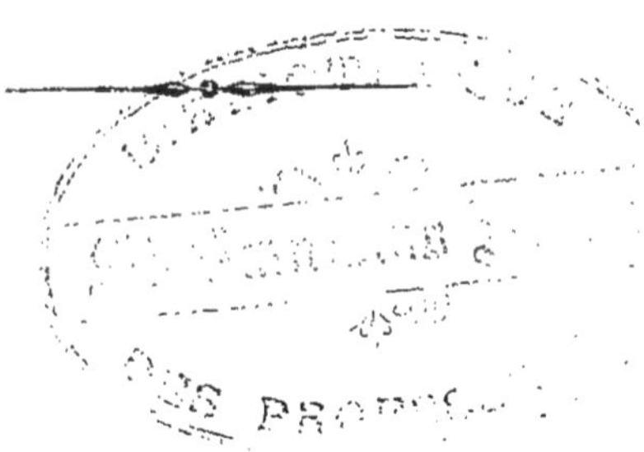

PARIS

DEZOBRY ET E. MAGDELEINE, LIBR.-ÉDITEURS,

Rue des Maçons-Sorbonne, 1.

1851

COURS PRATIQUE DE PÉDAGOGIE.

CORRECTION DES PRINCIPALES FAUTES QUI SE SONT GLISSÉES DANS L'IMPRESSION DE L'OUVRAGE.

Page 10, ligne 22, au lieu de *tire partir*, lisez : *tirer parti*.

Page 68, ligne 4, ajoutez : *ou des subdivisions*.

Page 69, ligne 20, au lieu de *au haut et vers le milieu de chaque tableau*, lisez : *vers le milieu du côté supérieur de chaque tableau*.

Page 72, avant-dernière ligne, au lieu de *l'aticle*, lisez : *l'article*.

Page 74, ligne 18, au lieu de *mal faire*, lisez : *malfaire*.

Page 76, ligne 22, au-lieu de *ci-dessous*, lisez : *ci-après*.

Page 147, ligne 5, au lieu de *à la voyelle qui suit*, lisez : *à la voyelle qui précède, et les autres accompagnent celle qui suit*.

Page 169, ligne 14, au lieu de *ces trois 'quantités*, lisez : *ces trois ordres d'unités*.

Page 172, ligne 19, au lieu de *applications du système décimal*, lisez : *applications du calcul décimal*.

Page 185, dernière ligne de la note, au lieu de *Esprits de Lois*, lisez : *Esprit des Lois*.

Page 211, ligne 1.re, au lieu de *soci ét*, lisez : *société*.

AVANT-PROPOS

Le principal objet de la mission de l'Instituteur est de former à la vertu les enfants qu'on lui confie. S'il est obligé d'éveiller et de féconder leur intelligence ; s'il doit, autant qu'il est en lui, favoriser le développement de leur être physique, il ne saurait borner là ses efforts sans confondre, par une négligence coupable ou une erreur funeste, les moyens avec le but. Connaître Dieu et observer ses commandements, telle est la fin pour laquelle chaque homme a été créé ; telle est l'œuvre que la conscience, aussi bien que la religion, proclame comme *la seule chose nécessaire*.

Le sentiment de cette vérité nous a constamment dirigé dans le travail que nous nous décidons à publier. On se gardera donc bien de mesurer l'importance que nous attachons à l'éducation morale et religieuse des enfants sur le petit nombre de pages que nous avons consacré à cette matière. Outre que le plan que nous nous étions tracé nous interdisait de longs développements, nous avons cédé à deux considérations en nous renfermant ici dans d'étroites limites. La première, c'est que l'instruction donnée suivant les règles et dans les conditions que nous avons prescrites doit tourner tout entière au profit des mœurs. La seconde, c'est que l'éducation morale et religieuse des enfants n'est pas livrée sans partage à l'Instituteur : la famille, en effet, s'associe plus ou moins à cette œuvre ; le pasteur la dirige, la surveille et la complète.

Il n'en est pas ainsi pour l'éducation intellectuelle : le maître seul en est chargé ; lui seul en assure ou en compromet le succès, suivant les ressources qu'il possède, le zèle qui l'anime et les moyens qu'il emploie. C'est pour cela que nous sommes entré dans quelques détails en traitant de cette branche de l'éducation ; que nous y avons rattaché des questions purement matérielles, comme celles qui regardent la disposition et l'ameublement de la classe ; que nous y avons fait une large part à la discipline et aux méthodes ; qu'en un mot nous y avons compris tout ce qui nous a paru devoir contribuer à la bonne tenue et à la prospérité de l'école. Du reste, même sur ce point, nous avons su nous borner, puisque, dans le chapitre où nous passons en revue les divers objets d'étude, pour établir les principes d'enseignement propres à chacun, nous avons à dessein omis tous ceux que la loi a déclarés facultatifs.

Notre traité, à défaut d'autre mérite, aura donc celui d'être court sans être trop incomplet. Si à cet avantage il joignait celui d'être clair et pratique, il posséderait des qualités que nous n'avons trouvées réunies dans aucun des ouvrages spéciaux que nous avons eus sous les yeux. Quoi qu'il en soit, nous déclarons que c'est uniquement par nécessité que nous l'avons entrepris : chargé, comme nous le sommes, de préparer à la difficile carrière de l'enseignement des jeunes gens qui passent à peine deux ans auprès de nous, nous avons dû chercher d'abord à mettre nos leçons en rapport avec le peu de temps dont ils disposent ; ensuite à prévenir, autant que possible, par l'ordre des matières et la clarté de l'exposition, la fatigue qui accompagne ordinairement l'étude des questions sérieuses ou arides que nous avions à traiter.

Comme on a pu déjà le pressentir, cet ouvrage se divise en trois parties : *Éducation physique*, *Éducation intellectuelle*, *Éducation morale et religieuse*. Mais nous avons cru qu'avant d'entrer en matière, et d'enseigner à l'élève-maître ce qu'il devait faire, il convenait de lui dire ce qu'il devait être. Il nous a semblé, d'un autre côté, que le moyen de le disposer à étudier consciencieusement ce qui se rapporte à sa future profession, c'était de lui en faire sentir l'importance et la dignité. Tel est le but que nous nous sommes proposé d'atteindre dans les deux chapitres préliminaires qui servent d'introduction à notre Cours.

COURS PRATIQUE
DE PÉDAGOGIE.

PRÉLIMINAIRES.

CHAPITRE I.

Dignité des fonctions de l'Instituteur primaire.

Les institutions qui régissent aujourd'hui notre patrie ont ennobli les fonctions d'Instituteur; les lois de l'État en ont reconnu l'importance et l'utilité. Après avoir fondé l'instruction primaire, elles la protégent et en font l'objet d'une juste sollicitude. L'Instituteur communal reçoit de l'autorité publique le caractère dont il est revêtu, et il est lui-même, à ce titre, un véritable fonctionnaire public.

Mais ce qui le relève surtout, c'est la grandeur des intérêts qui lui sont confiés. Chargé d'élever les générations nouvelles, il complète en quelque sorte l'œuvre de Dieu même. Il est le dépositaire de cette autorité remise au père de famille par la Providence, par la nature et par les lois. Il influe de la manière la plus efficace sur la destinée temporelle et éternelle des enfants qui se pressent autour de lui. Selon la manière dont il remplit son ministère sacré, il est pour la

1.

société un puissant instrument de civilisation et de bien-être, ou un fléau destructeur, déposant partout des germes de corruption et de mort.

Pour mieux apprécier encore l'importance de sa mission, voyons quel en est précisément l'objet.

La force physique est évidemment un des plus précieux avantages de la vie pour les classes laborieuses de la société, condamnées à chercher dans de rudes travaux leur pain quotidien. Or la vigueur du corps, quoiqu'elle soit surtout un don de la nature, est aussi un des résultats de l'éducation : l'Instituteur peut, dans une certaine mesure, procurer ou garantir à ses jeunes élèves cette fortune du pauvre, soit en les préservant, par une continuelle vigilance, de toute influence nuisible à la santé, soit en leur faisant contracter des habitudes de propreté, de modération et de sobriété, soit en développant leurs organes à l'aide de mouvements et d'exercices sagement ordonnés.

Mais la créature raisonnable ne trouverait qu'un bien faible avantage dans la force physique, si elle ignorait le prix de sa plus belle prérogative, ou ne savait pas en tire partir. Ici l'Instituteur voit donc grandir et s'élever son rôle : c'est lui qui met réellement les enfants en possession des facultés intellectuelles que la nature leur a données; c'est lui qui leur apprend à penser, à réfléchir, à raisonner ; c'est lui qui orne leur esprit de ces connaissances utiles dont les divers besoins de la vie réclament à chaque instant l'application ; enfin, c'est lui qui ouvre leur raison aux merveilles de la nature, comme aux prodiges de l'industrie humaine.

Il fait plus pour leur bonheur, s'il est vrai que le bonheur consiste surtout dans la vertu. Recevant l'enfance au sortir du berceau, toute rayonnante encore d'innocence et de candeur, il a le singulier privilége d'éveiller en elle les premières idées, d'y imprimer les premiers sentiments. S'il comprend sa mission, il jettera dans ce sol vierge une précieuse semence, qui produira les plus heureux fruits. Il développera dans des cœurs simples et naïfs l'amour du bien et l'horreur du mal. Il y étouffera, dès leur naissance, ces vices dont tous les hommes ont malheureusement reçu le germe, et y établira les vertus contraires. Sous son action puissante, la paresse sera prévenue ou vaincue par une noble émulation, la duplicité par la franchise, la basse envie par une aimable bienveillance, la rudesse des mœurs et la grossièreté du langage par l'affabilité du ton et des manières, la sensualité par la modération dans les désirs, l'orgueilleuse indépendance par une respectueuse docilité. A l'aide de fortes convictions, il réussira à rendre impuissantes ces passions honteuses et tyranniques qui ont fait dans les rangs de la jeunesse de si malheureuses victimes.

Ce n'est pas tout encore : apôtre de la religion en même temps que de la civilisation, l'Instituteur seconde le prêtre dans la sublime mission qu'a celui-ci de faire atteindre à ses ouailles la fin suprême de tout homme venant au monde. Comme lui, il raconte à ses jeunes élèves les grandeurs infinies de Dieu et la magnificence de ses récompenses ; comme lui, il leur fait apprécier l'immense bienfait de la *Rédemption*, et goûter la doctrine sainte du divin *Rédempteur ;* comme lui, il les initie par ses exemples, plus encore que par ses leçons, à la pratique de toutes les vertus chrétiennes ; comme lui, enfin, il leur montre le ciel et leur ouvre le chemin qui y conduit.

« Le maître chrétien, dit Rollin, est un homme entre « les mains de qui Jésus-Christ a remis un certain « nombre d'enfants, qu'il a rachetés de son sang et « pour lesquels il a donné sa vie, en qui il habite « comme dans son temple, qu'il regarde comme ses « membres, comme ses frères, comme ses héritiers..... « Et pour quelle fin les lui a-t-il confiés? Est-ce pour « en faire des poètes, des philosophes, des savants? « Qui oserait le dire, ou même le penser? Il les lui a « confiés pour conserver en eux le précieux et inesti- « mable dépôt de l'innocence qu'il a imprimée dans « leur âme par le baptême, pour en faire de véri- « tables chrétiens. Voilà la fin et le but de l'éducation. « Quelle grandeur, quelle noblesse une mission si « honorable n'ajoute-t-elle pas à toutes les fonctions « des maîtres! »

On peut donc dire, sans exagération, que l'Instituteur vraiment digne de ce nom donne à la famille des enfants laborieux, instruits et dévoués; à l'État des citoyens vertueux et utiles; à l'Eglise des fidèles et au Ciel des saints; qu'il travaille à la fois pour le temps et pour l'éternité; qu'après le sacerdoce, son ministère est le plus auguste qu'il soit donné à l'homme d'exercer, et que nulle récompense terrestre ne saurait le rémunérer dignement.

CHAPITRE II.

Qualités nécessaires à l'Instituteur primaire.

En exposant, dans le chapitre précédent, l'importance des fonctions confiées à l'Instituteur, on a déjà fait pressentir toute l'étendue des conditions que ces fonctions exigent ; car il est évident que plus les devoirs qu'on a à remplir sont graves et nombreux, plus il faut de qualités pour s'en acquitter dignement. Toutefois, nous n'entendons pas parler ici de ces dispositions naturelles sans lesquelles nul ne peut raisonnablement aspirer à élever les enfants : ainsi nous supposons que les jeunes gens auxquels nous nous adressons ont l'aptitude intellectuelle nécessaire pour acquérir les connaissances qu'ils seront un jour chargés de distribuer aux autres, qu'aucune infirmité physique ne les rend inhabiles à l'accomplissement de cette mission, que d'ailleurs ils se sentent un goût prononcé pour l'honorable mais austère profession d'Instituteur.

Les qualités dont nous voulons démontrer la nécessité sont ces vertus morales ou religieuses que tout homme de bonne volonté peut acquérir par la réflexion, l'expérience, la vigilance sur lui-même et surtout le recours à Dieu. Or, parmi ces qualités, les unes se rapportent directement aux fonctions de l'Instituteur, les autres ne s'y rapportent qu'indirectement.

ARTICLE Ier.

Qualités de l'Instituteur qui se rapportent directement à ses fonctions.

Ces qualités sont au nombre de sept principales,

savoir : la bonté, la fermeté, la patience, la régularité, le zèle, la pureté des mœurs et la piété chrétienne.

I. BONTÉ.—Le grand secret pour réussir dans l'éducation des enfants, c'est de gagner leur affection, parce qu'à l'aide de ce sentiment le maître obtient d'eux tout ce qu'il veut : la confiance, qui lui ouvre l'accès des cœurs et lui permet de les façonner à son gré ; la docilité, si nécessaire à l'ordre et à la bonne tenue de la classe; l'application, qui est la condition essentielle des progrès. Mais, pour être aimé des enfants, il faut les aimer soi-même. Or, aimer les enfants, c'est se plaire au milieu d'eux ; c'est trouver des charmes dans cette grâce ingénue qui brille sur leur front ; c'est encourager leur timidité, protéger leur faiblesse, prendre part à leurs chagrins ; c'est se préoccuper de l'avenir qui les attend dans cette vie et dans l'autre ; enfin, c'est être dévoué à tous leurs intérêts.

Il n'aime donc pas les enfants, celui que leur étourderie fatigue, que leurs questions importunent, que leur ignorance décourage, que leur grossièreté rebute. Il les aimerait moins encore celui qui éprouverait de l'éloignement pour les pauvres. Ces malheureux enfants, déshérités de la fortune et condamnés à mille privations, sont au contraire ceux qui méritent le plus de sympathie. L'homme de cœur, le véritable Instituteur, déploiera tout son zèle pour réparer à leur égard, autant qu'il est en lui, les rigueurs du sort ; il les consolera par un langage affectueux et d'obligeants procédés ; il les armera de courage contre la misère, et leur procurera, en les instruisant, le moyen de s'en affranchir. Non-seulement, il ne s'affligera pas d'avoir de pareils devoirs à remplir, mais il y trouvera même d'indicibles jouissances. Quoi de plus doux, en effet, que de servir de père à ceux qui n'en ont plus, d'être l'appui de la veuve et le bienfaiteur de l'orphelin, de sécher les larmes de l'indigence ou du moins d'en diminuer l'amertume !

L'Instituteur aimant ainsi les enfants ne peut manquer de posséder lui-même leur affection, car leur cœur, tendre et sensible, est naturellement disposé à la reconnaissance. D'un autre côté, ils remarquent aisément la bienveillance dont ils sont l'objet ; ils la saisissent dans toute la conduite du maître ; ils savent la discerner au travers d'une retenue commandée par la dignité ; ils la sentent par une sorte d'instinct.

II. Fermeté. — Ce n'est pas assez pour l'Instituteur d'être aimé de ses élèves ; il faut encore qu'il en soit respecté. C'est par la fermeté, et au besoin par une juste sévérité, qu'il établira en eux ce dernier sentiment. On commettrait une erreur grossière en pensant que, pour conduire l'enfance, il suffit toujours de prendre avec elle le langage de la raison. Cet âge, on ne peut l'ignorer, est incapable de réflexion et de raisonnement. Ce qui le caractérise, c'est une étourderie extrême, une légèreté invincible, une mobilité continuelle. Facilement impressionnables, les enfants changent à chaque instant d'humeur : vous les voyez tour à tour émus jusqu'à la colère, pleurant à chaudes larmes, riant aux éclats.

Il est nécessaire que l'Instituteur soumette cette turbulence, s'il ne veut s'épuiser en vains efforts et passer sa vie au sein du désordre et de la confusion. Le succès coûtera peu à celui qui, doué d'une âme énergique, est encore secondé par une certaine puissance de regard, un geste vif, une parole assurée. De tels avantages, il est vrai, sont plutôt le résultat de l'organisation que de la réflexion ; mais ils se produisent jusqu'à un certain point sous l'influence d'une volonté ferme. Après tout, ils ne sont pas d'une indispensable nécessité, et seuls ils ne sauraient suffire. Nul ne réussira complétement que par la dignité du caractère, c'est-à-dire par cette gravité soutenue qui impose aux enfants sans les effrayer, et fait briller la raison dans toute la conduite du maître.

Celui-ci sera donc toujours d'humeur égale au milieu de ses élèves. Il ne fera jamais rien en leur présence qui puisse l'exposer au soupçon de petitesse dans les idées. Il évitera de se familiariser avec eux, de les entretenir de ce qui lui est personnel, de leur faire de puériles caresses. Si quelquefois, pour reposer leur attention et rassurer leur timidité, il se hasarde à mettre lui-même le rire sur leurs lèvres, sa gaîté, calme et discrète, règlera celle qu'il aura provoquée et l'empêchera de dégénérer en une bruyante hilarité.

Cette dignité de caractère, si efficace qu'elle soit pour le maintien du bon ordre, ne préviendra pourtant pas tous les écarts. L'Instituteur sera donc quelquefois obligé de recourir aux moyens de rigueur. Il pourra sans doute user d'indulgence à l'égard des fautes de pure légèreté, mais il punira sévèrement celles qui portent un caractère de malice. Il ne s'inquiétera ni des réclamations d'une mère aveugle, ni des larmes d'un enfant plus contrarié que repentant : l'impunité, quelle qu'en fût la cause, serait attribuée à la faiblesse, et ne ferait qu'enhardir l'audace du coupable. Seulement le maître aura soin, comme nous aurons encore occasion de le lui recommander ailleurs, de ne jamais punir avec colère, de ne jamais se permettre, même à l'égard d'un élève révolté, aucune expression injurieuse, aucune parole blessante: loin de le soumettre par ses emportements, il ne ferait que l'exaspérer, en ruinant son autorité.

III. Patience. — Mais pour conserver toujours la sérénité de l'esprit et le calme des sens, l'Instituteur a besoin d'une troisième vertu, de cette vertu généreuse par laquelle l'homme se possède lui-même, la *patience*. Oui, une grande, une immense provision de patience est nécessaire à celui qui se voue aux fonctions d'Instituteur primaire. Parmi les enfants qui fréquenteront son école, il y en aura sans doute qui, naturellement aimables et intéressants, le dédommageront amplement des soins qu'il leur donnera. Mais il s'en trouvera aussi qui n'auront de l'enfance que les défauts. Les uns seront grossiers dans leurs manières, leur tenue et leur langage; les autres auront déjà contracté la malheureuse habitude du mensonge; d'autres opposeront aux efforts du maître une paresse et une apathie désespérantes; ceux-ci, nés avec un caractère rebelle, ne se plieront que difficilement sous le joug de la discipline; ceux-là la compromettront par une légèreté et une dissipation continuelles. Fussent-ils d'ailleurs tous sans défauts, l'homme chargé de les instruire verrait encore sa patience mise à une rude épreuve. N'aura-t-il pas à enseigner à ces enfants les éléments si arides des connaissances humaines? Ne rencontrera-t-il pas des intelligences malheureuses, pour lesquelles il faudra répéter cent fois la même chose, avant d'être compris?

Quel sera son point d'appui en présence de toutes

ces difficultés ? la patience. C'est par la patience qu'il luttera contre l'ignorance et les vices ; c'est par la patience qu'il persévérera dans cette lutte si pénible ; c'est par la patience qu'il en sortira triomphant.

Mais où puisera-t-il ce trésor de patience ? — Dans son cœur d'abord : aimant les enfants comme nous le supposons, il reconnaîtra bientôt que ces pauvres créatures sont plus à plaindre qu'à blâmer, et que la plupart de leurs défauts sont le résultat de la condition humaine ou de la mauvaise éducation reçue au foyer de la famille.— Dans sa conscience, qui lui découvrira le bien qu'il fait, et lui rappellera qu'un service rendu s'estime sur ce qu'il a coûté. — Enfin et plus qu'ailleurs, dans le secours divin : Dieu, qui donne la vocation, donne aussi les moyens d'y être fidèle. L'Instituteur chrétien (et nous n'en supposons pas d'autres) devra donc implorer souvent ce précieux secours. Lorsqu'il sentira son courage défaillir ou sa patience lui échapper, une aspiration vers le Ciel, un regard jeté sur le crucifix suffiront pour le calmer et le soutenir. Il trouvera dans ces élans de la foi les plus nobles pensées, les plus généreuses inspirations. Il y trouvera encore le secret de donner à ses œuvres un caractère surnaturel et de les rendre méritoires pour l'éternité.

IV. Régularité. — La quatrième qualité nécessaire à l'Instituteur, c'est la régularité, c'est-à-dire une scrupuleuse exactitude à remplir tous ses devoirs, dans le temps prescrit et d'une manière conforme à la règle. L'homme chargé de donner à une multitude d'enfants des soins nombreux et divers n'a chance de réussir, dans cette tâche laborieuse, que par le bon emploi du temps. Un règlement devait pourvoir et a pourvu en effet, du moins en partie, à ce grave intérêt, en déterminant les jours de repos et de travail, l'heure et la durée des classes, l'ordre et l'importance relative des exercices, etc. Mais que ce règlement n'existe pas ou qu'il soit mal observé, tout marche au hasard, tout est dans la confusion, tout languit. L'Instituteur, n'ayant plus pour règle que sa commodité ou ses caprices, entreprendra témérairement plusieurs études à la fois et n'en achèvera aucune; omettra tantôt une chose, tantôt une autre; fera celle-ci avec précipitation, celle-là avec mollesse; consacrera un temps considérable à tel exercice d'une utilité secondaire, vers lequel son goût l'entraîne, et négligera ce qui devrait faire le principal objet de son enseignement. Il se permettra même peut-être de s'occuper pendant la classe de ses affaires personnelles, d'abréger la durée des leçons, de fermer son école plusieurs jours la semaine, ou du moins de transposer son jour de congé, sans y être autorisé. On ne peut nier qu'une pareille conduite ne soit fatale à l'école, et qu'elle n'ait pour conséquence nécessaire la faiblesse des progrès.

D'ailleurs les élèves, s'apercevant que le maître ne prend pas ses fonctions au sérieux, ne manqueront pas de l'imiter dans son insouciance. Ils seront moins assidus à venir à l'école; ils y viendront sans plaisir, y travailleront sans ardeur. En un mot, ils gaspilleront un temps dont rien ne leur fera sentir le prix.

Mais l'inexactitude produit encore des effets plus funestes, quand elle compromet la sécurité ou la moralité des enfants. Or c'est là le danger auquel s'exposent les maîtres qui, pour les motifs les plus frivoles, s'absentent de la classe au milieu des exercices, ou qui, n'habitant pas la maison d'école, n'y arrivent que lorsque les élèves sont déjà réunis. Ces temps d'absence sont presque toujours préjudiciables au bon ordre et à la discipline. Souvent les enfants en profitent pour faire des espiègleries, s'injurier, se battre même. De fâcheux accidents arrivent quelquefois. Enfin, c'est à la faveur de ce défaut de surveillance que des habitudes détestables se contractent, se fortifient et se propagent. Qui croira que le maître n'ait rien à se reprocher de tout ce désordre ? C'est lui au contraire qui est le vrai coupable, car il est responsable de tout ce qui se passe à l'école ; et si les enfants qui lui sont confiés ont manqué à leur devoir, ce n'est que parce qu'il a le premier négligé de remplir le sien. Il est donc évident que l'Instituteur ne saurait, sans assumer sur lui une responsabilité terrible, manquer ou d'assiduité, ou de ponctualité. Les règlements universitaires lui font d'ailleurs une obligation rigoureuse de ne jamais laisser ses élèves sans surveillance.

V. Zèle. — La régularité, nous venons de le voir, est indispensable à l'Instituteur. Cependant cette qualité n'a vraiment de prix que par le zèle, qui doit toujours l'accompagner. Le zèle, c'est cette ardeur réfléchie et persévérante que l'homme apporte à l'accomplissement de ses devoirs, afin de les remplir toujours le mieux possible. Elle se reconnaît à plusieurs caractères.

D'abord, l'Instituteur que le zèle anime n'entrera jamais en classe sans avoir préparé ses leçons. Nous ne concevons pas qu'un maître, quelque capable qu'on le suppose, puisse enseigner avec succès et sans perte de temps, s'il ne s'est pas préparé. Or cette préparation consiste, non-seulement à mettre en ordre les objets matériels nécessaires à l'enseignement, mais surtout à composer, ou du moins à choisir les sujets divers sur lesquels chaque division de la classe doit être exercée, et à tâcher de reconnaître les principales difficultés qu'ils renferment; à rechercher les moyens d'aplanir celles-ci; à s'assurer, par l'examen des notes et des devoirs, si sur telle branche d'instruction il convient de marcher en avant, ou s'il ne serait pas plus avantageux de s'arrêter quelque temps; à modifier un procédé qui n'a pas donné tous les résultats qu'on en attendait; à prendre certaines précautions contre une infraction à la règle qui se renouvelle souvent; à prévoir la conduite à tenir en telle conjoncture délicate qui peut se présenter, etc. Un quart d'heure de préparation ainsi faite vaut certainement pour les enfants plusieurs heures de travail.

La classe une fois commencée, l'Instituteur zélé sera toujours occupé de ses élèves. Il s'efforcera de leur rendre l'étude attrayante, en leur donnant à propos quelques encouragements, en répondant à leurs questions sans témoigner ni peine ni ennui, en évitant de les mettre aux prises avec des difficultés qui auraient l'inconvénient de trop les fatiguer.—Il donnera à ses explications toute la netteté possible : ce qui n'aura pas été compris, il le répétera, en s'exprimant tantôt d'une façon, tantôt d'une autre. —Il ne s'avisera jamais de crier, sachant bien que l'homme qui crie et s'agite perd toute gravité; mais il mettra dans sa parole, son regard et son geste, cette chaleur qui captive constamment l'attention. — Exempt de vanité, il se gardera bien d'imiter ces maîtres qui, dans l'intérêt de leur réputation, cultivent exclusivement les intelligences d'élite : tous les élèves ont droit à sa sollicitude, il leur donnera à tous des soins égaux.—Enfin son zèle sera persévérant. S'il voit ses efforts couronnés de succès, il regardera plutôt ce qui lui reste à faire que ce qu'il a déjà fait. Si au contraire il n'obtient que de faibles résultats, il se souviendra qu'*un travail opiniâtre surmonte tous les obstacles ;* que l'homme de cœur sent grandir son courage en présence des difficultés, et que le maître chrétien y trouve un moyen de remplir et de sanctifier ses jours.

Tel sera, au milieu de ses élèves, l'Instituteur qu'un véritable zèle anime. Mais, la classe terminée, ne lui restera-t-il plus rien à faire ? Ce serait une grande erreur que de le penser. Il ne suffit pas qu'il ait bien rempli son devoir pendant la journée qui vient de s'écouler, il faut encore que, par l'étude, il se mette en état de pouvoir toujours le bien remplir. Oui, sans l'étude, le maître qui était capable à son début dans la carrière ne tardera pas à se trouver au-dessous de ses fonctions.

« Le temps, dit M. Barrau, nous fait une guerre « incessante, et nous enlève insensiblement une partie « de ce que nous avons acquis ; c'est au travail à pré- « venir l'effet de ses ravages. Ne pas acquérir, c'est « perdre. Nos facultés intellectuelles, ainsi que notre « instruction, déclineraient rapidement à notre insu, « si la lecture ne donnait pas journellement quelque « aliment nouveau à notre esprit. Étudier un peu cha- « que jour, c'est le seul moyen, non-seulement d'avan- « cer dans la carrière, mais de ne pas reculer[1]. » L'In-

[1] *Direction morale pour les Instituteurs.* — Les conseils

stituteur zélé consacrera donc à l'étude une partie de ses loisirs. Il lira avant tout et méditera les ouvrages qui se rapportent à sa profession. Cependant, nous ne prétendons pas lui interdire ceux qui traitent de matières étrangères, pourvu qu'ils soient bien écrits, sérieux et utiles. La lecture de ces ouvrages élargira le cercle de ses idées, développera sa raison, fortifiera son jugement, épurera son langage; elle contribuera donc puissamment aussi, quoique d'une façon moins directe, au succès de son enseignement.

VI. Pureté des mœurs. — Une qualité qu'il semble superflu de recommander ici, tant elle est essentielle, tant la nécessité en est évidente, c'est la pureté des mœurs. En effet, la mission de l'Instituteur ne se borne pas à cultiver l'intelligence des enfants : la science qu'on leur donne est sans doute un précieux bienfait, mais à cette condition seulement qu'elle sert à les rendre meilleurs; sans cela elle ne peut être qu'un présent funeste. Former le cœur de ses élèves, voilà la grande affaire de l'Instituteur, voilà le principal objet de sa sollicitude. Mais former le cœur des enfants, c'est en surveiller les passions naissantes et en réprimer les premiers écarts; c'est y développer l'horreur du vice, par le tableau de sa laideur et la manifestation de ses dangers; c'est y éveiller ou y entretenir tous les sentiments honnêtes; c'est y établir le règne de la vertu par l'ascendant de l'exemple, non moins que par la sagesse des préceptes. Pourra-t-il remplir ce grand et impérieux devoir, l'homme qui n'a pas

pleins de sagesse contenus dans cet excellent ouvrage le recommandent à l'attention et à la méditation de tous les maîtres.

su se préserver lui-même du souffle impur des passions?

Nous l'admettons, il cachera soigneusement au fond de son cœur des sentiments dont la connaissance serait de nature à le compromettre; il évitera, ne fût-ce que par un reste de pudeur, d'offrir aux regards de ses élèves le hideux spectacle de l'intempérance ou de la débauche; il n'oubliera jamais que, s'il avait le malheur de rendre le public témoin de sa dégradation, la justice de nos lois, au défaut de l'indignation générale, l'aurait bientôt expulsé de son école; nous supposons même que sa conduite extérieure sera parfaitement irréprochable. Est-ce avec ce simulacre de vertu qu'il réussira à faire aimer et pratiquer la vertu aux autres? Comment s'astreindra-t-il à exercer sur ses élèves une surveillance attentive et continuelle, celui qui a l'habitude de se pardonner à lui-même les plus honteux désordres? A quelle source puisera-t-il ces exhortations chaleureuses qui pénètrent, émeuvent, entraînent le cœur des enfants? Où trouvera-t-il cette sainte ferveur dont il devrait toujours être animé pour leur amélioration morale? Hâtons-nous de le reconnaître, il vivra à cet égard dans une complète indifférence; jamais peut-être il ne prononcera les mots de *vertu* et de *devoir*; ou s'il le fait quelquefois pour sauver les apparences, sa parole glacée sur ses lèvres, parce qu'elle n'est pas animée par une conviction profonde, sera toujours vaine et stérile. Aussi le vice jouira-t-il dans son école d'une sécurité entière, tandis que l'innocence y sera exposée aux plus tristes naufrages.

Qu'il évite donc d'approcher de l'enfance ou qu'il s'en éloigne au plus vite, celui dont le cœur serait corrompu! L'innocence du jeune âge est un dépôt sacré qu'il ne saurait recevoir dans ses mains impures. Le malheureux qui laisserait souiller par la lèpre dont il est lui-même infecté les âmes candides qu'on lui confie, se rendrait digne et de l'exécration des hommes et de la malédiction de Dieu.

VII. Piété chrétienne. — Enfin, l'Instituteur doit être sincèrement religieux. Cette qualité n'est pas moins essentielle que la précédente ; disons mieux : elle en est la source et la garantie. Tous les efforts que l'impiété a pu faire pour trouver une base à la morale en dehors de la religion n'ont jamais abouti qu'à l'absurde. Ne suffit-il pas, en effet, du bon sens le plus vulgaire pour comprendre qu'une loi quelconque a besoin d'une sanction, et que nulle part, en dehors de la religion, il n'y a pour la morale de sanction possible, pas même dans la conscience, dont on parvient quelquefois, à force d'iniquités, à étouffer les remords? Aussi peut-on affirmer, sans craindre de se tromper, que l'homme irréligieux est nécessairement vicieux, sinon dans ses mœurs, du moins dans ses sentiments. Si quelques personnes semblent faire exception, c'est qu'elles n'ont pas laissé pénétrer le secret de leur cœur, ou qu'elles sont vertueuses par tempérament. « Toute la vertu des impies, dit Massillon, se borne à « cacher la profonde corruption de leur cœur..... mais « il n'en n'est pas un seul qui ne soit en secret dévoué « à tous les vices. » La moralité de l'Instituteur irréligieux sera donc au moins suspecte ; et par cette seule raison, beaucoup de parents, même parmi ceux qui partagent, en fait de religion, la funeste indifférence de notre siècle, regretteront de la rencontrer dans le précepteur de leurs enfants.

Mais une autre considération également puissante vient se joindre à celle-ci. L'Instituteur n'est-il pas obligé, aussi bien par les lois humaines que par les lois divines, de concourir à l'éducation religieuse de ses élèves? Comment, s'il n'est pas un homme de foi sincère, remplira-t-il ce devoir? comment fera-t-il pénétrer la crainte de Dieu dans le cœur des enfants, si son propre cœur en est dépourvu? Sera-ce en suppléant par d'hypocrites leçons aux convictions qui lui manquent? Il n'a même pas ici cette triste ressource; car la religion n'est pas une pure affaire de sentiment : elle demande des œuvres, des œuvres extérieures, des œuvres visibles, des œuvres publiques. Le seul résultat qu'obtiendrait l'Instituteur dont la conduite démentirait les conseils, serait de s'attirer le mépris de ses élèves et de les habituer eux-mêmes à l'hypocrisie. Il n'est donc pas possible, en matière religieuse, de sauver les apparences : il faut agir ou renoncer à paraître chrétien; il faut édifier ou scandaliser. Or, qui peut dire combien sera pernicieux pour les enfants le mauvais exemple donné par leur maître, par l'homme auprès duquel ils passent leurs premières années, l'homme qui exerce tous les jours sur eux l'ascendant de l'autorité, de l'intelligence et des lumières, l'homme qu'ils ont l'habitude de considérer comme leur guide et leur modèle? Malgré les efforts du pasteur, le sentiment religieux ne saurait prendre dans leur cœur de profondes racines; ils feront leur première communion, mais ils ne seront pas pour cela de véritables chrétiens. Aussi, dès que l'heure de l'indépendance aura sonné, leurs croyances, mal établies, s'affaibliront de jour en jour; bientôt ils négligeront des devoirs dont la conduite de leur maître les a empêchés de bien comprendre l'importance ; peut-être même, pour mieux l'imiter encore, tiendront-ils à honneur de s'en affranchir. Ils seront perdus par le scandale ; mais malheur au maître indigne qui les aura scandalisés! car c'est surtout à lui que l'Évangile adresse ses terribles menaces.

L'Instituteur qui n'est pas sincèrement chrétien ne peut donc rien pour l'éducation religieuse de ses élèves, et s'expose même, comme nous venons de le voir, à ruiner dans leur cœur la foi qu'il avait mission d'y établir. Mais ce n'est pas tout : il prive encore son école d'un de ses plus puissants moyens de succès, la sympathie du pasteur. Il est certain que la prospérité de l'instruction, dans une commune, dépend souvent de l'attitude prise à l'égard de l'Instituteur par le ministre de la religion. Celui-ci est le protecteur né de l'école; spécialement chargé de l'éducation religieuse des enfants qui la fréquentent, il ne peut être indifférent aux progrès qu'ils y font, car il sait que le développement de leur intelligence facilitera singulièrement son ministère et servira à le rendre plus fructueux. Il est donc naturellement disposé à la bienveillance envers l'Instituteur. D'un autre côté, il est en position de lui rendre les plus utiles services. Le caractère spirituel dont il est revêtu lui donne sur les enfants et même sur les familles une autorité morale que l'on conçoit aisément. Il sera heureux, tant qu'il se verra secondé, d'employer cette autorité au profit de l'école. Mais s'il vient à reconnaître dans l'Instituteur de l'irréligion ou de l'indifférence seulement ; s'il ne peut plus compter sur cette coopération active et consciencieuse qu'il s'était promise ; si l'amélioration des mœurs et l'affermissement de la foi, ces graves intérêts confiés à sa sollicitude pastorale, ne lui paraissent plus rencontrer à l'école que des obstacles, c'en est fait de sa bienveillance et de son appui : quelque indulgent qu'on le suppose, il sentira son cœur se fermer à la sympathie comme à l'estime. Il continuera de veiller, car alors son ministère lui en fait plus que jamais un devoir ; mais il se tiendra éloigné de l'homme dont il considère la présence comme un danger pour le troupeau. C'est cet éloignement qui porte souvent à l'école une atteinte mortelle, tant en la privant du précieux patronage dont elle jouissait, que par le sérieux avertissement qu'y trouvent les familles. Celles-ci, en effet, ne manqueront pas d'attribuer à une légitime défiance le changement de dispositions du pasteur, et bientôt elles éprouveront elles-mêmes ce sentiment. L'école pourra conserver quelque temps encore son importance numérique; mais presque toujours elle perdra immédiatement sa force morale.

Il est donc évident que l'intérêt de l'école, non moins que l'intérêt moral et spirituel des enfants, fait à l'Instituteur un devoir d'être religieux, sans parler de la nécessité qu'il y a pour tout homme d'être chrétien, et de remplir les obligations que ce titre impose.

La conséquence à tirer de ces diverses réflexions, la voici : c'est que le jeune homme qui ne se sent vertueux qu'à demi, qui n'est pas sincèrement et profondément religieux, ne doit pas songer à entrer dans la carrière de l'enseignement; qu'il n'a aucun bien à y faire, quelles que soient d'ailleurs ses qualités ; qu'il ne peut qu'égarer la jeunesse, au lieu de la diriger;

qu'enfin il n'y a pour lui-même, dans cette carrière, ni considération ni bonheur à attendre.

ARTICLE II.

Qualités de l'Instituteur qui ne se rapportent qu'indirectement à ses fonctions.

Outre les qualités que nous venons d'énumérer, qualités si indispensablement nécessaires à l'Instituteur que l'absence d'une seule suffit pour rendre son ministère stérile ou même dangereux, il en est d'autres qui, en contribuant à lui assurer dans la commune l'estime et la sympathie des habitants, contribuent par cela même au succès de son école. Ces qualités sont : la politesse, la modestie, la prudence, le désintéressement et l'amour de la retraite.

I. Politesse.—Exiger cette qualité de l'Instituteur, c'est lui recommander d'être de son siècle et surtout de son pays. La politesse est en effet un des fruits de la civilisation, et sous ce rapport comme sous beaucoup d'autres, notre patrie s'est placée depuis longtemps au premier rang parmi les nations. Cette aménité de mœurs est d'ailleurs le signe ordinaire de la bienveillance. La rusticité, qui lui est opposée, accuse donc ou un caractère vicieux ou un défaut d'éducation. Combien dès lors ne choquerait-elle pas dans l'homme chargé d'élever les enfants, c'est-à-dire de former leur cœur et leur caractère!

Il serait également déplorable que l'Instituteur ne sût pas se préserver d'une erreur que les idées de liberté et d'égalité mal comprises ont rendue de nos jours trop commune, et qui consiste à s'affranchir, par le sentiment d'une ridicule indépendance, des devoirs que la civilité prescrit. Les sots, qui en subissent l'influence, se tiennent toujours, en fait de politesse, sur le pied d'une orgueilleuse défensive; ils croiraient s'avilir s'ils prévenaient par un salut, non-seulement leurs égaux, mais même les personnes auxquelles ils doivent déférence et respect.

Les populations au sein desquelles l'Instituteur sera envoyé ne seront pas exemptes de ce travers, comme il s'y rencontrera aussi peut-être des gens d'une grossièreté repoussante. Au lieu de se faire l'imitateur de leur conduite, il essaiera d'en être le réformateur, non par des représentations, qui seraient souvent mal reçues, mais en opposant à l'orgueil de celui-ci une aimable prévenance, à la rudesse de celui-là un ton calme et un langage obligeant. Si, malgré la puissance de son exemple, il ne réussit pas toujours à adoucir les caractères et à polir les mœurs, il est un résultat qu'il ne manquera jamais d'obtenir, c'est la sympathie. Tous les hommes, quelque grossiers qu'on les suppose, sentent le charme d'une vertu qui rend leurs relations commodes et agréables, qui flatte leur amour-propre et ménage jusqu'à leurs défauts: aussi, ceux-mêmes qui la pratiquent le moins la recherchent et sont heureux de la rencontrer dans les autres.

L'Instituteur devra surtout se montrer poli à l'égard des parents de ses élèves, dont il lui importe de gagner la confiance. Il aura quelquefois à leur donner des renseignements d'une nature affligeante; il ne saurait, dans ces pénibles circonstances, s'exprimer avec trop de modération et de douceur. Outre qu'il prouverait, par l'amertume de ses plaintes, que l'intérêt de ses élèves n'est pas le motif qui l'anime, la peinture vive qu'il ferait de leurs défauts ne pourrait manquer de blesser l'amour-propre des parents. Loin de les humilier, il rendra justice à leurs bonnes intentions, soutiendra leur courage, et se concertera avec eux sur les moyens à employer pour rendre leurs enfants plus assidus, plus studieux ou plus dociles.

Il pourra aussi arriver que des reproches injustes lui soient adressés par des familles prévenues. Tâchant même alors de conserver tout son sang-froid, il expliquera sa conduite avec cette dignité calme que donne le sentiment d'un devoir accompli. S'il ne peut réussir à la faire apprécier, du moins on lui saura gré de sa modération, tandis qu'une parole blessante, malheureusement échappée, eût peut-être été la source d'une insurmontable aversion.

Quant aux autorités, la politesse dont l'Instituteur doit user, dans ses rapports avec elles, ne se borne pas aux actes ordinaires de la civilité; elle est encore respectueuse et pleine d'égards. Le maire de la commune, le curé de la paroisse, l'inspecteur de l'instruction primaire et les délégués du Conseil académique, recevront de lui, en toutes circonstances, des témoignages de déférence. Dans les visites qu'ils feront à l'école, il s'empressera de leur rendre les honneurs qui leur sont dus; il écoutera attentivement leurs observations, et si quelquefois il les croyait mal fondées, il n'y répondrait qu'avec la plus grande réserve, se gardant bien de faire ressortir en présence de ses élèves l'erreur qu'un supérieur aurait pu commettre.

II. Modestie.—Nous avons démontré, dans notre premier chapitre, l'importance et la dignité des fonctions de l'Instituteur primaire. Celui-ci peut donc, il doit même croire à la noblesse de sa profession ; mais c'est afin de l'honorer davantage par une plus grande régularité dans l'accomplissement de tous ses devoirs, et non pour exiger des autres plus de considération.

Déjà l'on accuse les Instituteurs d'orgueil et de pédantisme. Sans doute les ignorants prêtent volontiers aux personnes qui les dominent par leur instruction le ridicule de la vanité, soit pour se dédommager de leur infériorité, soit pour amoindrir un avantage qui, disent-ils, n'est propre qu'à développer chez ceux qui en sont pourvus une insupportable suffisance. Mais il faut bien aussi reconnaître que ce reproche, généralement adressé au corps des Instituteurs, a une autre cause qu'une jalousie malveillante. Un trop grand nombre de maîtres, infatués des connaissances, bien bornées pourtant, qu'ils ont péniblement acquises à l'École normale ou ailleurs, se sont crus supérieurs à tout ce qui les entourait, et ont imprudemment laissé percer dans leurs discours la bonne opinion qu'ils avaient d'eux-mêmes. Ils ont oublié que la modestie réconcilie la science avec l'amour-propre d'autrui ; que cette aimable vertu, compagne ordinaire du mérite, assure à ceux qui la possèdent l'estime et l'affection de tout le monde ; que l'orgueil, au contraire, attire la haine et le mépris des hommes ; qu'on se plaît à humilier ceux qui s'élèvent, et qu'on est impitoyable sur les fautes les plus légères dans lesquelles ils pourraient tomber. Aussi la folle conduite de ces maîtres a-t-elle eu pour résultat d'indisposer en même temps contre eux et contre leur profession le grand nombre des personnes qui en ont été témoins.

L'Instituteur devra donc être modeste, même dans l'intérêt de cette considération que l'orgueilleux poursuit. Il évitera de jamais s'emparer de la conversation : rien n'est fatigant comme la société d'un grand parleur, et l'on sait que c'est souvent là le défaut des personnes que leurs fonctions obligent à parler en public. Il s'abstiendra, comme doit le faire tout homme bien élevé, d'occuper les autres de ce qui lui est personnel ; à plus forte raison rougirait-il de mendier des éloges : s'il arrive qu'il lui en soit adressé, il répondra poliment, en s'efforçant de détourner la conversation.

Il aura également soin d'éviter les discussions. S'il s'y trouve engagé malgré lui, il saura céder à propos, fût-il certain d'avoir raison : la persistance ne servirait qu'à envenimer la querelle, sans porter la conviction dans les esprits. D'ailleurs, la victoire que l'on peut remporter en ces sortes de circonstances est un bien triste avantage, car l'adversaire vaincu est ordinairement un adversaire humilié, plus ou moins disposé à venger sa défaite.

L'Instituteur sera quelquefois invité à tenir les registres de l'état civil. Il pourra, après y avoir été autorisé par le Conseil académique, se charger de cette utile fonction ; mais il comprendra que le rôle tout matériel de secrétaire de la mairie ne le fait participer en rien à l'exercice de l'autorité. Il ne s'avisera donc pas d'y chercher un moyen de se donner de l'importance, et il se gardera bien d'imiter la sotte jactance de plusieurs de ses confrères, qui se vantent, en pareil cas, d'administrer la commune.

Enfin, l'Instituteur devra se montrer modeste jusque

dans sa toilette, dans sa tenue, dans son ameublement. Quelques avantages pécuniaires que lui offre sa position, il s'abstiendra de toutes les dépenses inutiles, de tout ce qui annonce ou peut faire soupçonner de la prétention. Ainsi jamais il n'attirera sur lui l'attention par la recherche de sa parure. Il évitera de même d'adopter ces façons bizarres de porter les cheveux ou la barbe, qui décèlent, avec de la petitesse d'esprit, un désir immodéré de plaire. Il s'interdira, en particulier comme en public, l'usage non moins dégoûtant qu'onéreux du cigare ou de la pipe. La plus grande propreté régnera dans son ménage (la propreté est une des habitudes dont il doit donner l'exemple); mais rien chez lui n'excitera la cupidité de ses élèves, rien n'éveillera dans leur esprit des idées exagérées de bien-être.—Cette simplicité de mœurs éloignera du maître la critique et la jalousie. Elle sera d'ailleurs pour lui la source d'une douce aisance; elle lui offrira même le moyen de se procurer un superflu qui, mis en réserve, accroîtra son indépendance et lui permettra de faire face à toutes les éventualités.

III. Prudence. — La prudence est nécessaire à l'Instituteur dans toutes les circonstances de sa vie. Il en a besoin au milieu de ses élèves, puisque sans cela il réussirait difficilement à acquérir sur eux cet ascendant moral qui lui est nécessaire pour les diriger et les instruire. Mais il en a plus besoin encore dans ses rapports avec le public.

Il est évident que tout ce qui peut nuire à sa considération, tout ce qui peut altérer à son égard la sympathie des habitants, constitue pour lui un danger. Or il est exposé en mille occasions, s'il n'a pas la prudence de l'homme mûr, à perdre ce double avantage, et par suite à compromettre, avec le succès de son école, ses plus chers intérêts. C'est pour avoir manqué de prudence que des maîtres, peut-être estimables d'ailleurs, ont été souvent forcés de quitter une position qu'ils regrettaient; que plusieurs ont même attiré sur eux les rigueurs de l'autorité. L'Instituteur n'aura pas à craindre de semblables revers tant qu'il mettra en pratique les conseils suivants :

1° Il s'interdira avec soin les lieux publics, tels que cafés, cabarets, etc. Ce n'est pas que nous supposions qu'il puisse y noyer sa raison dans le vin : pour se livrer à de pareils excès, il faudrait qu'il eût perdu le sens moral, et qu'il eût foulé aux pieds toutes les lois de la décence. Mais sa seule présence dans ces lieux ne serait-elle pas un funeste exemple pour les enfants, en même temps qu'un légitime sujet de défiance pour les familles? Tout le monde sait d'ailleurs que la société qu'on rencontre là est ordinairement fort peu honorable, et que l'air qu'on y respire est mortel. Enfin, la fréquentation des cabarets est une de ces fautes contre lesquelles la loi a décerné des peines sévères. L'Instituteur résistera donc à toutes les instances que d'imprudents amis pourraient faire pour l'y entraîner. Qu'il soit inflexible sur ce point, s'il veut conserver sa considération et s'épargner bien des regrets!

2° L'Instituteur devra aussi être très-circonspect dans tous ses discours. Nous avons déjà dit que la modestie lui fait un devoir de parler peu en public; la même sobriété de paroles lui est recommandée par laprudence : « *Il est plus aisé de ne rien dire du tout que de ne pas trop parler.* » (*Imitation de J.-C.*) Ce qui alimente trop souvent la conversation, ce sont les fautes, les défauts et les travers d'autrui, que l'on exagère plutôt qu'on ne les atténue. Ces commérages, s'ils viennent à transpirer jusqu'aux oreilles des personnes qui en sont l'objet, font ordinairement naître des querelles, soulèvent même quelquefois de grandes colères. L'Instituteur évitera donc, non moins par charité que par prudence, de s'y mêler jamais.

3° Il n'est pas rare de voir s'élever des divisions au sein des communes. Alors un des partis en présence a ordinairement pour but de supplanter l'administration municipale, ou du moins son chef. L'Instituteur devra rester complétement étranger à ces sortes de querelles. Reconnaissant, dans les magistrats établis, ses supérieurs et les dépositaires de l'autorité publique, il parlera toujours avec respect de leur personne, et ne se permettra en aucun cas de critiquer leurs actes. Mais, d'un autre côté, il évitera de se prononcer contre ceux des habitants qui aspirent à un changement d'administration. Jamais, quelles que puissent être ses sympathies, il ne se mettra en évidence pour faire triompher une opinion plutôt qu'une autre. Une telle attitude est incompatible avec la mission pacifique qu'il a à remplir. Chargé d'élever tous les enfants de la commune, il doit être en bonne intelligence avec toutes les familles. Or le premier, et souvent l'unique résultat de ses manœuvres, serait de lui attirer l'animosité des parents dont il aurait combattu les idées et froissé l'amour-propre.

4° Il arrive aussi quelquefois, surtout dans les campagnes, qu'une fâcheuse mésintelligence divise le maire et le pasteur. « L'Instituteur n'a pas à s'inquié-

« ter de cette désunion ; elle cessera naturellement
« et nécessairement dans tout ce qui le concerne.
« Ces deux fonctionnaires ne peuvent avoir, relative-
« ment à l'enfance, qu'une même pensée. Le maire
« veut, comme le pasteur, qu'elle reçoive une éduca-
« tion religieuse ; le pasteur veut, comme le maire,
« qu'elle reçoive une instruction soignée. Ils compren-
« dront que l'Instituteur ne pourrait se mêler à leur
« querelle, sans compromettre un intérêt qui leur est
« également cher..... Ils se feront donc l'un et l'autre
« un devoir de respecter sa neutralité. Si cependant le
« contraire arrivait, l'Instituteur résisterait avec res-
« pect, mais avec fermeté. Tout le monde applaudi-
« rait à sa conduite ; l'autorité supérieure le soutien-
« drait au besoin, et celui même dont il aurait refusé
« d'épouser la querelle finirait par l'estimer davan-
« tage. » BARRAU.

5° Enfin, les luttes politiques que fait périodiquement surgir au sein du pays la constitution qui nous régit seront encore pour l'Instituteur une occasion de dangers. Il aura à se défendre contre les excitations du dehors, et même contre les rêves de sa propre imagination. Qu'il se garde bien d'adopter, et plus encore de propager ces doctrines funestes qui, sous prétexte de réformer la société, ne tendent qu'à la bouleverser, en ruinant à la fois la famille, la propriété, la religion et les mœurs ! Autant il lui est permis d'appeler de ses vœux toutes les institutions réellement propres à améliorer la condition humaine, autant il doit mettre d'énergie à repousser des conceptions étranges, que l'on décore du nom d'idées avancées, et qu'un état de démence ou des instincts dépravés ont seuls pu faire éclore. Lors donc qu'il sera appelé à exercer ses droits politiques, il le fera avec indépendance sans doute, mais avec discernement et probité. C'est dans une conviction profonde, c'est dans le sentiment d'un amour vrai de la patrie qu'il puisera ses inspirations. Si au contraire il écoutait les suggestions de l'orgueil et de l'égoïsme, il ne saurait conserver cette modération qui est le fruit de la raison seule, et bientôt peut-être un instant d'exaltation serait suivi des regrets les plus amers.

Outre les écueils que nous venons d'indiquer, l'Instituteur peut s'attendre à en rencontrer beaucoup d'autres plus ou moins dangereux. Il réussira à les éviter, si, se défiant de son inexpérience, il réclame les avis de quelque personne sage et éclairée. L'homme le plus ordinairement en état de le diriger, c'est celui dont la vie, sainte comme le caractère dont il est revêtu, inspire naturellement la confiance, celui qui remplit dans la commune un ministère de charité et de paix, le pasteur enfin. L'Instituteur devra s'adresser à lui d'autant plus volontiers que d'avance il peut se tenir assuré de sa bienveillance.

IV. Désintéressement. — Quand nous recommandons le désintéressement à l'Instituteur, nous n'entendons nullement le troubler dans la jouissance de son modeste traitement ; il est juste, il est même nécessaire que la société, à laquelle il se dévoue tout entier, lui procure les moyens d'exister honorablement. Ce que nous voulons, c'est le mettre en garde contre cette âpreté pour le gain qui est incompatible avec la noblesse des sentiments, et même avec l'accomplissement du devoir : « L'Instituteur, dit M. de Gérando,

« qui ferait de sa profession une sorte de spéculation « mercantile, non-seulement en méconnaîtrait le véri- « table caractère, mais encore sacrifierait son premier « moyen de succès. En effet, il ne pourrait former avec « ses élèves ces relations morales qui font sa principale « puissance; il ne saurait s'en faire aimer ni respec- « ter ; la confiance des parents eux-mêmes s'éloigne- « rait de lui. »

Quelques maîtres, parmi ceux qui dirigent des écoles rurales, fournissent aux élèves les livres, le papier et les autres objets d'école qui leur sont nécessaires. Quoique cet usage ne soit pas sans inconvénient, comme il peut aussi avoir ses avantages, nous ne le condamnons pas absolument; mais nous recommandons à l'Instituteur qui l'adopterait de bien se garder d'y chercher un moyen d'augmenter ses ressources pécuniaires; nous l'invitons de la manière la plus pressante à ne jamais percevoir le moindre bénéfice sur les fournitures qu'il pourra faire. Il faut que les familles comprennent parfaitement qu'il n'a d'autre mobile, en se chargeant de ce soin, que le désir de leur épargner à elles-mêmes des embarras, de ménager leurs intérêts, et d'établir dans sa classe cette uniformité précieuse qu'il serait peut-être difficile d'obtenir autrement.

L'Instituteur ne se contentera pas de mettre son désintéressement à l'abri du soupçon, il saura encore le prouver par la modération dont il usera dans l'exercice de ses droits. Jamais on ne l'entendra se plaindre du grand nombre d'élèves admis à fréquenter gratuitement son école; jamais il n'entrera en discussion à ce sujet avec l'autorité municipale; il évitera même, hors le cas d'abus visible et de fraude patente, de réclamer auprès de l'autorité supérieure, pour faire réduire la liste des indigents. Rien du reste n'est plus naturel que cette conduite. N'est-ce pas, en effet, en faveur des pauvres surtout que les écoles communales ont été établies? S'il est regrettable qu'un élève capable de payer la rétribution scolaire en soit dispensé, combien ne le serait-il pas davantage qu'un pauvre enfant, hors d'état de la payer, y fût assujetti? L'Instituteur ne s'exposera donc jamais à faire commettre une si fâcheuse erreur.

Mais son désintéressement pourra rencontrer un écueil d'un tout autre genre. Quelques-uns de ses élèves, appartenant à des parents aisés, lui apporteront peut-être de petits cadeaux; il n'hésitera pas à les refuser. Outre qu'en les acceptant il humilierait les enfants pauvres, qui n'ont rien à lui offrir, il sacrifierait encore l'indépendance dont il a besoin à l'égard de toutes les familles : « En général, dit M. Barrau, les hommes ne « donnent pas, ils prêtent. Le père de famille qui vous « envoie un présent se flatte secrètement qu'en retour « vous aurez quelques complaisances pour son fils. Ce « qu'il attend de vous, ne vous y trompez pas, ce n'est « pas un utile redoublement de sévérité; il compte au « contraire que vous fermerez les yeux sur quelques « infractions à la discipline, et même que, lorsque vous « ferez une distribution de prix, vous vous sentirez disposé à faire pencher la balance en sa faveur. Aussi « quel dépit quand son enfant n'obtient pas les préférences auxquelles il osait s'attendre! il s'irrite, il « serait tenté de vous reprendre ce qu'il vous a donné; « il lui semble que vous êtes un débiteur infidèle, ou « tout au moins un ingrat. »

Enfin, l'Instituteur devra savoir faire à l'intérêt public

le sacrifice de son intérêt particulier. Celui qui, mécontent de la position modeste qu'on lui aurait assignée à l'entrée de la carrière, mettrait tout en œuvre pour en sortir au plus vite, celui-là ne pourrait être qu'un mauvais instituteur. Il est évident que le dégoût serait la conséquence naturelle de son impatience ; qu'il ne s'attacherait guère à des élèves dont il aurait hâte de se séparer, et qu'il mettrait peu d'ardeur à les instruire. Ce n'est pourtant pas que tout désir d'avancement nous paraisse condamnable : l'espoir d'arriver, après des services rendus, à un poste plus avantageux est naturel et légitime ; mais, dans ce cas même, le bon Instituteur attendra avec calme et patience, s'en remettant à la sagesse de ses supérieurs.

V. Amour de la retraite. — Il faut bien se garder de confondre l'amour de la retraite avec la sauvagerie, cette bizarrerie d'humeur qui fait fuir la société et rechercher l'isolement. L'Instituteur ne peut pas se séquestrer du commerce des hommes ; il a même des rapports obligés à entretenir, soit avec les autorités, soit avec les familles. Ce que nous condamnons ici, ce sont les visites sans objet, c'est surtout la dissipation.

L'existence de l'Instituteur doit être en harmonie avec l'exigence des fonctions qu'il exerce ; or ces fonctions, graves et saintes, lui imposent des privations auxquelles il doit se résigner, sous peine d'encourir le blâme et le mépris peut-être. Il est certain, en effet, qu'on lui accorderait bien peu de confiance si, la classe à peine terminée, on le voyait promener son oisiveté, tantôt d'un côté, tantôt de l'autre ; si, les jours de congé, il s'avisait de faire des parties de chasse, de fréquenter les jeux publics, de courir aux assemblées de village, ou même de se mêler à des danses qu'un usage local semble autoriser, etc. Plusieurs de ces distractions sont indignes d'un homme sérieux; les autres ne conviennent qu'aux gens désœuvrés ; toutes renferment des dangers et peuvent être l'occasion d'accidents funestes.

Le jeune maître aura sans doute besoin de quelque courage pour pratiquer l'abnégation que nous lui recommandons ici ; car, outre les tentations auxquelles l'attrait du plaisir l'exposera déjà, il sera souvent recherché et sollicité par les jeunes gens de son âge. Mais s'il comprend ses devoirs, disons mieux : s'il comprend ses véritables intérêts, il résistera à tous les entraînements.

Il devra même ne pas trop se communiquer aux familles : des visites multipliées auraient pour conséquence nécessaire d'affaiblir son indépendance et sa considération. N'apportant plus à s'observer la même attention qu'auparavant, il pourrait commettre quelque imprudence ou laisser apercevoir en lui des défauts qu'on était loin d'y soupçonner : « Il n'est pas rare, « dit l'auteur de l'*Imitation*, qu'une personne que sa « réputation seule nous faisait considérer ait détruit, en « se montrant, la bonne opinion qu'on avait d'elle. » L'Instituteur s'exposerait donc, par un excès de familiarité, à perdre quelque chose de l'estime des parents, qui, dans tous les cas, s'habitueraient à agir avec lui sans façon et le traiteraient bientôt sans égards. Il arriverait aussi que les enfants, pour lesquels son autorité n'aurait plus aucun prestige, seraient à l'école moins respectueux et moins soumis.

Est-ce à dire que toute espèce de récréation soit interdite à l'Instituteur ? Non sans doute ; mais c'est dans la société de quelques amis bien choisis, c'est surtout dans son intérieur qu'il devra chercher ses délassements ordinaires. S'il a une famille, les soins et les affections domestiques rempliront ses intervalles de repos d'une manière tour à tour agréable et utile. S'il n'en a pas, l'entretien de son jardin, la culture des fleurs, la greffe et la taille des arbres, lui procureront de douces et innocentes jouissances, outre qu'il trouvera dans cette occupation le moyen de rendre pratiques les connaissances théoriques reçues à l'École normale.

L'étude elle-même, que nous lui avons ailleurs recommandée comme un devoir, pourra lui offrir des délassements pleins de charmes. Si l'Instituteur a le désir de s'instruire, et ce désir est naturel à tout homme dont l'esprit est déjà cultivé, jamais il ne sera un seul instant embarrassé de ses loisirs : c'est dans son cabinet qu'il voudra les passer ; c'est au milieu de ses livres qu'il s'estimera vraiment heureux. Mais qu'il ait soin, nous ne saurions trop insister sur cette recommandation, de ne s'entourer que d'ouvrages sérieux et utiles! qu'il se garde surtout de la lecture de ces romans, si communs de nos jours, qui ne sont propres qu'à égarer l'esprit, fausser le jugement, corrompre le goût et amollir le cœur!

Définition, Objet et Division

DE LA PÉDAGOGIE.

La Pédagogie est l'art de bien élever les enfants ou de leur donner une bonne éducation : art important, qui exige beaucoup de raison, de lumières, d'expérience et de dévouement.

Élever les enfants, ce n'est pas seulement les instruire, comme l'entendent quelques personnes qui confondent l'*instruction* avec l'*éducation :* c'est développer et diriger toutes les facultés qu'ils apportent en naissant. Or, l'homme étant composé non-seulement d'un corps, mais d'une âme douée d'intelligence et de volonté, il s'ensuit que l'enfant possède trois sortes de facultés : les facultés physiques, qui se rapportent au corps; les facultés intellectuelles, qui se rapportent à l'intelligence ; et les facultés morales, qui se rapportent à la volonté. De là trois branches d'éducation : l'*éducation physique*, l'*éducation intellectuelle*, et l'*éducation morale*, avec laquelle se confond l'*éducation religieuse*.

Étudier les principales questions qui se rattachent à ces trois branches de l'éducation, ou plutôt à l'éducation considérée sous ces trois rapports, tel sera l'objet du Cours que nous venons de commencer.

PREMIÈRE PARTIE.

ÉDUCATION PHYSIQUE

Les détails de l'éducation physique regardent spécialement les parents : c'est à eux surtout qu'il appartient d'affermir la santé de leurs enfants, de développer leurs organes et de préparer leur corps aux fatigues de toute la vie ; cependant l'Instituteur, auprès duquel les enfants passent une grande partie de la journée, ne doit pas rester étranger à cette éducation. Il doit y prendre d'autant plus de part à la campagne, que là les parents, par défaut de temps ou de soin, remplissent souvent fort mal cette partie de leurs obligations. Or, deux sortes de moyens sont pour cela à la disposition du maître, des moyens indirects ou précautions hygiéniques, et des moyens directs ou exercices.

CHAPITRE I

Moyens indirects ou précautions hygiéniques.

Ces moyens sont au nombre de six principaux, savoir : la propreté des enfants, la propreté du local, le renouvellement de l'air, la variété dans les exercices, la bonne tenue, l'éloignement des enfants atteints d'infirmités contagieuses ou dégoûtantes[1].

I. Propreté des enfants. — La malpropreté du corps et des vêtements est malheureusement trop habituelle aux enfants des classes pauvres. C'est d'abord une grande cause de l'insalubrité de l'air de beaucoup d'écoles, et c'est en même temps un déplorable défaut qui peut influer sur toute la vie, pour rendre la pauvreté plus triste et plus pénible. D'ailleurs la saleté de la peau, en gênant la transpiration, expose à de nombreuses maladies.

L'Instituteur se gardera bien d'humilier la pauvreté; mais il peut exiger que les enfants, même les plus pauvres, fassent nettoyer et raccommoder leurs vêtements. Il veillera aussi à ce qu'aucun élève n'arrive jamais à l'école sans s'être peigné, lavé les mains, le visage, le cou et les oreilles; tel est le but de l'inspection de propreté qui doit toujours précéder la classe. Il obligerait à se laver immédiatement ceux qui auraient négligé de le faire chez eux[2].

[1] Indépendamment de ces moyens, l'Instituteur doit exiger un certificat de vaccination de chacun des élèves qui se présentent à l'école; il refuserait d'admettre ceux qui ne pourraient fournir la preuve qu'ils ont été vaccinés ou qu'ils ont eu la petite vérole. C'est le seul moyen de vaincre la coupable négligence ou la répugnance déraisonnable de quelques parents, et de faire profiter tous les élèves de la précieuse découverte qui a délivré l'humanité d'une de ses plus terribles maladies.

[2] C'est dans le préau, ou à défaut de préau, dans la cour des récréations, ou même dans le chemin du village que se fait ordinairement l'inspection de propreté. A un signal convenu, les élèves cessent leurs jeux; puis ils viennent, à un second signal, se ranger devant le maître, en se plaçant par divisions et sur

II. PROPRETÉ DU LOCAL. — La salle d'école sera tenue avec la plus grande propreté. Pour cela, elle devra être balayée au moins une fois par jour. L'Instituteur s'abstiendra d'y rien déposer qui soit étranger à la classe, comme fruits, légumes, etc. Il serait même à désirer qu'il y eût un lieu particulier pour recevoir les paniers dans lesquels les enfants apportent leurs provisions[1].

Le maître aura également soin de ne laisser subsister auprès des fenêtres de l'école, ni mares d'eau stagnante, ni amas d'ordures ou de fumier.

Enfin, il tâchera d'obtenir que les lieux d'aisance soient placés à une certaine distance des ouvertures de la salle d'école, afin que les vapeurs qui s'en échappent ne puissent y pénétrer, et il veillera à ce qu'ils soient lavés fréquemment à grande eau.

III. RENOUVELLEMENT DE L'AIR. — Une des plus grandes causes de la mauvaise santé, de la débilité des enfants des classes pauvres, c'est l'air corrompu qu'ils respirent dans leurs obscurs et étroits réduits, à l'âge où leurs poumons se développent. Ces mêmes inconvénients renaîtraient pour eux à l'école, si on les y rassemblait en grand nombre, sans avoir soin d'y maintenir un air salubre. Le moyen d'entretenir la salubrité de l'air, c'est de le renouveler aussi souvent que le nombre des enfants et les dimensions de la classe le

deux lignes parallèles. Si, lorsqu'il n'y a pas de préau, le temps ne permettait pas de réunir les enfants dehors, l'inspection de propreté n'en aurait pas moins lieu : le maître profiterait, pour la faire, de la marche générale qui doit précéder l'appel, et qui amène successivement tous les élèves sous ses yeux.

[1] Voyez ce qui est dit du préau, page 59.

rendront nécessaire. On renouvellera l'air pendant les récréations, en ouvrant les portes et les fenêtres. On pourra aussi le purifier pendant la classe, en établissant, à défaut de ventilateurs, des *vasistas* ou carreaux mobiles à la partie supérieure des fenêtres. On se contentera d'ouvrir ces vasistas pendant l'hiver ; mais en été on pourra, sans inconvénient, tenir les portes et les fenêtres ouvertes, même pendant la classe, de manière toutefois à ne pas établir de courants d'air.

IV. Variété dans les exercices. — Les enfants ont naturellement besoin de mouvement : la trop longue durée d'une même position devient pour eux une véritable souffrance. On doit donc, par humanité en même temps que dans l'intérêt de l'ordre, trouver le moyen de varier de temps en temps leurs postures, sans tumulte et sans confusion. Pour cela il suffira de varier les exercices, en ayant soin de faire succéder, autant que possible, un exercice au tableau à un exercice aux tables. Mais diverses évolutions seront nécessaires pour passer ainsi d'un genre de travail à un autre : les enfants devront toujours les faire en chantant et en marchant en mesure.

On pourra aussi laisser sortir, à peu près au milieu de la classe, tous les élèves. Ce repos de cinq à dix minutes, outre l'utile délassement qu'il leur procurera, leur permettra de satisfaire leurs besoins, ce qui fera disparaître l'inconvénient des sorties particulières, qui ne peuvent que troubler la classe.

V. Bonne tenue. — Il importe au développement physique des enfants, non moins qu'au bon ordre et à la régularité de l'école, d'obtenir de tous une tenue convenable. Il est beaucoup d'élèves dont la taille dévie sensiblement, par suite de la mauvaise habitude qu'ils ont de se croiser les jambes, et de placer, en écrivant, l'épaule droite beaucoup plus haut que l'épaule gauche. L'Instituteur veillera donc à ce que les enfants assis aient toujours les pieds assez près l'un de l'autre, le corps parallèle à la table et les coudes au même niveau. Il empêchera aussi que, pour écrire, ils ne courbent le corps en avant, et qu'ils n'appuient la poitrine sur le bord de la table, en rejetant les jambes en arrière : c'est là une des plus mauvaises habitudes que puissent prendre les enfants ; car tout ce qui tend à comprimer la poitrine a des suites fatales, surtout dans le jeune âge.

VI. Éloignement des enfants atteints de certaines infirmités.—Beaucoup d'enfants arrivent à l'école déjà atteints de quelques-unes de ces infirmités que font naître la négligence et le manque de soin. Il s'en trouve qui ont la tête couverte de vermine. Comme ces sales insectes se propagent avec une grande rapidité, l'Instituteur éloignera de la classe, pendant quelques jours, les élèves qui en seront tourmentés. Il devra en même temps s'efforcer de détruire chez les parents le préjugé, trop répandu, que cette vermine est utile à la santé des enfants.

Si quelque élève est atteint de la gale, ce qu'indiqueront toujours les démangeaisons qu'il éprouvera aux articulations, et l'existence, sur ces parties du corps, de petits boutons pointus et blanchâtres, il devra être pomptement renvoyé.

Les infirmités dégoûtantes, quoique non contagieuses, telles que les humeurs froides à l'état de plaies, la teigne, les cours aux oreilles, etc., donneraient lieu à la même mesure[1].

CHAPITRE II

Moyens directs ou exercices.

Le maître a dû s'attacher, dans sa classe, à préserver la santé de ses élèves de toute influence nuisible. Au dehors, pendant les récréations, il peut faire quelque chose de plus : il peut, par des mouvements qu'il surveillera et fera convenablement exécuter, développer, fortifier tous les organes des enfants. Marcher, courir, sauter, grimper, glisser, jardiner, tels sont les principaux exercices dont nous croyons devoir conseiller l'emploi aux Instituteurs.

I. MARCHER. — L'exrcice le plus ordinaire, celui qui est en même temps un des plus bienfaisants, c'est la marche. Outre qu'elle exerce le corps et le fortifie, il n'est personne qui n'ait éprouvé que l'on mange avec plus d'appétit, que l'on dort mieux, à la suite d'une marche où l'on s'est un peu fatigué. L'Instituteur rendra donc un vrai service à ses élèves en leur faisant faire des promenades, quelquefois un peu longues, à travers la campagne, sans trop s'inquiéter ni du temps ni des chemins. Mais les promenades ne pouvant ordinairement se faire que le dimanche et le jeudi, ce moyen n'est guère applicable qu'aux élèves pensionnaires.

II. COURIR. — Il n'en est pas de même de la course.

[1] Le fond de ce chapitre a été emprunté au Cours de Pédagogie de M. Rendu.

Dans la plupart des communes, les enfants passent à l'école le temps qui s'écoule entre les deux classes. Rien n'empêche donc l'Instituteur d'établir pour eux, dans la cour des récréations, certains jeux amusants qui les obligent à courir, tels que le jeu de barre, le jeu de cerceau, le jeu de balle avec toutes ses variétés, etc. Les divers mouvements qu'exigent tous ces jeux fortifient les poumons, développent les muscles des bras et des jambes, procurent au corps de l'agilité et de la souplesse. Mais l'Instituteur aura soin de prévenir les accidents qui pourraient résulter de la course, en empêchant tout effort excessif, en faisant remettre, à la fin de l'exercice, les vêtements que l'on aurait quittés auparavant, en ne permettant pas à un enfant échauffé de se coucher à l'ombre, ou de boire de l'eau fraîche.

III. Sauter.—Le saut procure à peu près les mêmes avantages que la course. Cet exercice a lieu de plusieurs manières. On distingue le saut pour franchir un espace, le saut de haut en bas ou de bas en haut, le saut à pieds joints et le saut à l'aide de perches. Quelques précautions sont encore ici nécessaires. Quand le saut est précédé d'une course, comme il arrive ordinainairement lorsqu'il s'agit de franchir un espace, outre que la course ne doit pas être trop longue, il faut veiller à ce que le lieu de départ ne soit pas glissant, et à ce que celui où l'on arrive ne soit pas trop dur. Pour ce qui concerne le saut de bas en haut, le bâton ou la ficelle tendue, par-dessus lesquels on doit sauter, doivent être disposés de manière à tomber au moindre contact. Enfin, dans le saut de haut en bas, on doit décrire une oblique plutôt qu'une perpendiculaire, ne jamais sauter d'une trop grande hauteur, fléchir les genoux en sautant et porter la tête en avant, afin de tomber sur la pointe des pieds.

IV. Grimper. — Pour se livrer à cet exercice, il faut s'y être préparé par de petits exercices plus faciles, qui s'exécutent à l'aide de perches fixées horizontalement sur des appuis. Les uns consistent à suspendre et soulever le corps, jusqu'à ce que le menton atteigne la pièce transversale ; les autres, à cheminer le long de la perche avec les mains, tout en restant suspendu. D'autres ont pour objet de faire avancer ou reculer, monter ou descendre le corps entre deux perches horizontales et parallèles, sur lesquelles s'appuient ou se suspendent les mains, sans que les pieds touchent à terre. Après ces exercices, on peut faire grimper d'abord à une perche, ensuite à un mât, enfin à une corde, avec le secours des extrémités supérieures et inférieures d'abord, et plus tard à l'aide des premières seulement. L'Instituteur ne permettra que très-rarement de grimper sur les arbres ou sur les parois des rochers, à cause des accidents qui pourraient arriver.

V. Glisser. — Glisser sur la glace est aussi, suivant les médecins, un des exercices les plus salutaires et les plus fortifiants. L'air pur, la fraîcheur du temps, la circulation accélérée du sang, les efforts des muscles, tout cela agit à la fois sur chacune des parties du corps.

Les enfants aimant naturellement à glisser, le maître n'aura pas besoin de les exciter à cet exercice, il devra même leur défendre expressément de s'y livrer sur les rivières ou sur les mares profondes; mais il pourra bien leur laisser établir de petites glissades à côté de l'école. Il n'aura jamais, dans ce cas, d'accidents bien graves à déplorer, surtout s'il a soin d'empêcher que les élèves inexpérimentés ne se mêlent aux autres, ou que ceux-ci ne se provoquent à d'imprudents efforts.

VI. Jardiner. — Lorsque l'Instituteur aura des pensionnaires, il pourra confier à chacun d'eux un petit coin de terre à cultiver. Les soins du jardinage sont excellents pour exercer tous les membres. Ils intéressent d'ailleurs les enfants, qui éprouvent de véritables jouissances lorsqu'ils voient prospérer des graines ou des plantes qu'ils ont confiées à la terre. Enfin l'Instituteur, en exerçant ses élèves au jardinage et en surveillant leur travail, leur rendra de bons services, surtout si, instruit lui-même dans l'horticulture, il leur communique d'utiles observations, leur enseigne quelques procédés nouveaux, leur fait abandonner un préjugé [1].

[1] La substance de ce chapitre a été tirée des principes d'éducation de Niemeyer et du Cours de Pédagogie de M. Rendu.

DEUXIÈME PARTIE.

ÉDUCATION INTELLECTUELLE

L'éducation intellectuelle a pour objet de développer l'intelligence, c'est-à-dire de la rendre plus capable d'apprendre et de connaître.

Pour développer l'intelligence, il faut mettre en action les diverses facultés intellectuelles, savoir : la *perception*, qui voit les objets réels ou métaphysiques; l'*attention*, qui les examine; la *mémoire*, qui en rappelle le souvenir ; l'*imagination*, qui les peint vivement dans l'esprit ; le *jugement*, qui en saisit les rapports ; enfin le *raisonnement*, qui combine les jugements entre eux.

Il n'y a pas un objet dans la nature, il ne se passe pas un événement sous nos yeux qui ne fournisse à l'Instituteur l'occasion de faire agir les facultés intellectuelles des enfants qui lui sont confiés. Mais le moyen le plus facile et le plus ordinairement employé consiste à les appliquer aux éléments des connaissances humaines. Ce travail de l'intelligence n'a pas seulement pour résultat d'en augmenter la puissance : il lui procure encore ces notions usuelles et pratiques qui sont indispensables à tout homme, pour accomplir sa double destinée.

C'est là d'ailleurs que tend finalement l'éducation

intellectuelle, qui, sous ce rapport, se confond avec l'instruction proprement dite. L'éducation intellectuelle et l'instruction proprement dite concourent donc à un but commun, qui est de procurer à l'esprit les connaissances spéciales dont il a besoin ; mais l'éducation intellectuelle a pour but particulier de rendre l'esprit plus apte à acquérir ces connaissances utiles, ce qu'elle fait en appliquant les facultés intellectuelles à mille objets divers; tandis que l'instruction proprement dite procure directement et immédiatement ces mêmes connaissances, en appliquant les facultés intellectuelles à des objets déterminés. L'une et l'autre augmentent la masse des idées ; mais pour la première, ces idées prises çà et là ne sont ordinairement qu'un moyen ; pour la seconde, liées ensemble et se rapportant à un même objet, elles sont le but. Enfin l'éducation intellectuelle ouvre la voie à l'instruction, et celle-ci complète l'œuvre de la première.

Tout en recommandant à l'Instituteur de profiter des fréquentes occasions qu'il rencontrera, en dehors de ses leçons, pour mettre en action les facultés intellectuelles de ses élèves, nous ne lui tracerons aucune règle à cet égard. Il suffit que nous nous occupions, dans cette partie du Cours de Pédagogie, de l'instruction proprement dite, puisque, comme on l'a vu, c'est développer l'intelligence des enfants que de leur faire acquérir les connaissances pratiques dont ils ont besoin, et que d'ailleurs ces connaissances sont le but final de l'éducation intellectuelle.

Mais, pour donner l'instruction à une multitude d'enfants réunis ensemble, plusieurs conditions sont nécessaires : il faut d'abord que l'Instituteur ait à sa disposition un local commode, muni d'un mobilier convenable ; il faut ensuite qu'il maintienne dans sa classe l'ordre et la discipline ; enfin il a besoin, après avoir convenablement classé ses élèves, de suivre, en les instruisant, une bonne méthode d'enseignement. Nous examinerons avec quelques détails ces diverses questions dans les cinq chapitres suivants.

CHAPITRE I

Choix du local.

Il y a deux choses à considérer par rapport au local dont on veut faire une salle d'école : l'extérieur et l'intérieur.

ARTICLE Ier.

Extérieur.

Lorsqu'on choisit un emplacement pour une maison d'école, il faut préférer, surtout si l'église y est établie, le quartier le plus populeux de la commune, et y asseoir la maison d'école sur un terrain un peu élevé, afin que l'air soit plus salubre. La meilleure position, pour la façade, est d'être tournée vers l'est ou l'ouest : par là on se garantit des froids violents du nord et des chaleurs de l'été. Cependant, s'il était impossible d'orienter ainsi la maison d'école, parce que les appartements seraient déjà construits ou pour toute autre cause, on remédierait jusqu'à un certain point à cet inconvénient par le moyen de plantations, en mettant toutefois entre les arbres une distance telle, qu'arrivés à leur parfait accroissement, ils ne pussent intercepter la lumière.

Si l'emplacement choisi se trouvait situé sur une rue ou sur un chemin passant, il faudrait tâcher de séparer la maison d'école de la rue ou du chemin, par une cour ou un petit jardin.

I. Cour.—Il est nécessaire qu'avant les classes, et pendant l'intervalle qui les sépare, les élèves, au lieu de courir çà et là sans surveillance, se trouvent sous les yeux du maître. Cependant la salle d'école doit être exclusivement réservée aux exercices de la classe. Il faut donc une cour, c'est-à-dire un endroit voisin de cette pièce, où les enfants réunis prendront leurs récréations. Si l'Instituteur est chargé d'instruire les deux sexes, il devra même y avoir deux cours distinctes, séparées autant que possible par la maison d'école, ou du moins par un mur un peu élevé. Il est à désirer que la cour des récréations soit sablée, pour que l'on n'y trouve de boue en aucun temps.

II. Lieux d'aisance. — Dans la cour d'une maison d'école il doit y avoir des lieux d'aisance, placés le plus loin possible de la classe, de manière cependant que le maître puisse les surveiller sans beaucoup de dérangement. Un moyen de rendre cette surveillance facile, c'est de faire couper les portes à une hauteur de 1 mètre 50 environ, et de laisser au-dessous un espace vide. Ainsi que nous l'avons déjà dit, la plus grande propreté doit régner dans les lieux d'aisance.

III. Pompe. — Les enfants ont souvent besoin de se laver et de se désaltérer : la pompe est donc un des meubles les plus utiles d'une maison d'école. C'est dans la cour des récréations qu'elle doit être établie, pour être toujours à la portée des élèves. S'il n'y avait pas de pompe, il faudrait y suppléer par une fontaine à robinet ou par un baquet.

IV. Préau. — On entend par préau une espèce de hangar où les élèves prennent leurs récréations dans les temps de pluie. Ils y déposent aussi leurs coiffures et leurs provisions, y font leurs repas, enfin s'y réunissent au moment d'entrer en classe.

ARTICLE II.

Intérieur.

I. Aire de la classe. — De tous les appartement d'une maison d'école, le plus convenable pour faire la classe c'est celui du rez-de-chaussée; mais le sol de cet appartement doit être élevé d'environ 0^{m} 30, si l'on veut le préserver de l'humidité. Le meilleur moyen à employer pour cela, c'est de planchéier l'aire de la classe, en élevant le sol au moyen de mâchefer. Si cette dépense ne pouvait être faite par la commune, il faudrait au moins que la classe fût carrelée.

Il convient de donner à l'aire de la classe la forme d'un rectangle peu allongé, c'est-à-dire que la longueur n'en doit pas dépasser la largeur de plus d'un tiers. Dans les écoles d'enseignement mixte ou d'enseignement simultané, la meilleure proportion est celle que donne huit sur six.

Quant à la grandeur de la salle d'école, elle dépend du chiffre de la population qui doit y envoyer des élèves. On a calculé que le nombre des enfants de l'un et de l'autre sexe, en âge de fréquenter l'école, forme au moins le huitième de la population totale.

II. MURS. — Les murs, suivant les lieux, sont faits de bois et de terre, de pierres ou de briques; mais toujours ils doivent être blanchis, car il est reconnu que c'est la couleur blanche qui reflète le mieux la lumière. On blanchira les murs, soit en les plâtrant, soit en y appliquant une couche de peinture à l'huile, après les avoir enduits de mortier, soit en peignant ce même enduit avec de l'eau de chaux ou toute autre composition.

Il est bon d'utiliser les murs en y traçant les deux alphabets, des figures de dessin linéaire, les mesures métriques, la carte du département et quelques sentences utiles.

II. CROISÉES. — Les croisées doivent être placées de façon que le jour vienne de côté. En effet, si les élèves ont le jour, soit devant eux, soit derrière eux, l'ombre de leurs camarades dans le premier cas, leur ombre propre dans le second, s'étend sur les tables et n'y laisse qu'une demi-clarté. Lorsque le jour vient de face, il peut aussi, du moins pendant plusieurs mois de l'année, fatiguer les yeux des élèves assis aux premiers bancs.

Les croisées seront assez élevées pour que les enfants ne puissent voir dehors, c'est-à-dire être placées à deux mètres environ du sol. Cette disposition des fenêtres donne la facilité de placer au-dessous, soit des tableaux noirs, soit des cartes géographiques.

Enfin elles ouvriront à bascule. Si l'on ne pouvait les faire ouvrir de cette manière, et dans le cas où elles seraient à un mètre du sol, il serait bon de placer dans le haut un vasistas, afin de renouveler facilement l'air de l'intérieur.

Si les croisées n'étaient pas placées à la hauteur voulue, il faudrait peindre les carreaux du bas, ou les remplacer, soit par du verre dépoli, soit par des carreaux de bois.

IV. Plafond.—Le plafond sera élevé de cinq mètres s'il est possible, de quatre au moins. Plus il est élevé, moins l'air se corrompt vite.

CHAPITRE II

Mobilier.

Les principaux objets dont se compose le mobilier d'une classe dirigée d'après la méthode mixte ou la méthode simultanée sont les suivants :

1° Estrade. { Bureau. Siége du maître.

2° Bancs-tables. { Encriers. Ardoises. Casiers.

3° Signal.
4° Sonnette.
5° Porte-plumes.
6° Tableaux noirs.
7° Tableaux de lecture et autres.
8° Baguettes des répétiteurs.
9° Porte-chapeaux.
10° Planchette de sortie.
11° Placard.

12o Pendule.

13° Crucifix.

14° Poêle.

15° Thermomètre[1].

I. Estrade. — L'estrade est un corps de menuiserie, formant sur le plancher une certaine élévation, et supportant le bureau, ainsi que le siége du maître. Elle doit avoir des dimensions proportionnées à la largeur de la salle.

Le plus ordinairement la hauteur de l'estrade est de 0m 40 à 0m 50.

La longueur est de	1m	60
La largeur du bureau est de. . . .	0	60
La largeur de l'espace vide de. . .	0	70
Ce qui donne pour la largeur totale de l'estrade.	1	30

Le bureau renferme deux petites armoires et un tiroir. Il doit avoir 0m 75 de hauteur.

Sur le fond de l'estrade se trouve le siége du maître, qui consiste en un fauteuil en paille ou en une simple chaise.

II. Bancs-tables. — Les bancs-tables, dont les quatre figures ci-jointes présentent la hauteur, le plan,

[1] On peut aussi considérer, comme faisant partie du mobilier d'une classe, les croix, les bons points, les billets de satisfaction, le tableau de Taiclet, le tableau du système métrique ou la collection des nouveaux poids et des nouvelles mesures, etc., dont nous parlerons plus tard.

Dans une école dirigée d'après la méthode mutuelle, plusieurs autres objets seraient encore nécessaires, savoir : un sifflet, des traverses ou tringles de bois, des porte-tableaux, des télégraphes, etc.

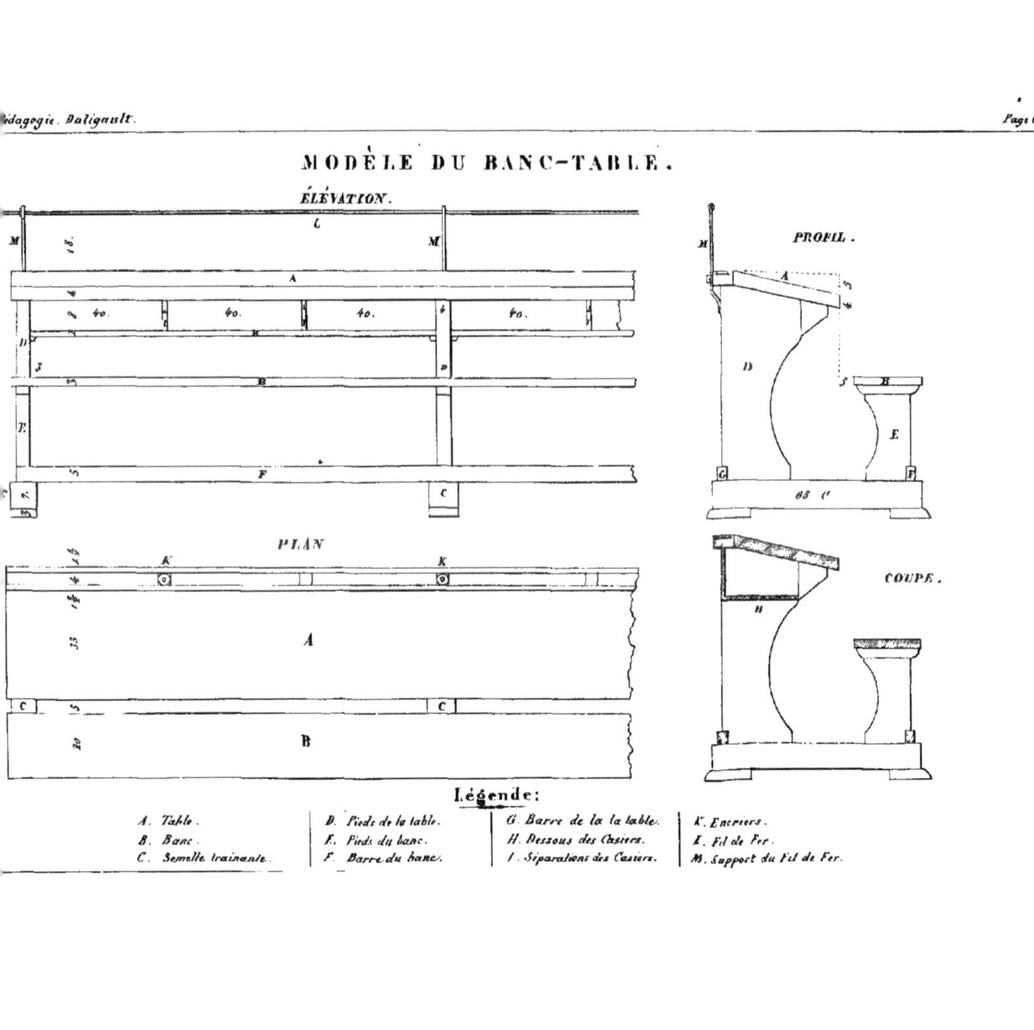
MODÈLE DU BANC-TABLE.
ÉLÉVATION.
PROFIL.
PLAN
COUPE.
Légende:
A. Table.
B. Banc.
C. Semelle traînante.
D. Pieds de la table.
E. Pieds du banc.
F. Barre du banc.
G. Barre de la table.
H. Dessous des Casiers.
I. Séparations des Casiers.
K. Encriers.
L. Fil de Fer.
M. Support du Fil de Fer.

le profil et une coupe verticale, sont des corps de menuiserie, composés d'un banc et d'une table, liés ensemble par trois ou quatre pièces transversales. Les supports des tables sont joints à leur tour par une traverse longitudinale, sur laquelle les élèves appuient leurs pieds. Les bancs-tables sont rangés parallèlement à l'estrade, de manière que tous les enfants ont la face tournée vers le maître.

Le long de chaque table on pratique une rainure, destinée à recevoir les plumes, les crayons, etc. De 80 en 80 centimètres, cette rainure est percée de trous où l'on place les encriers ; mais chaque encrier sert aux deux élèves entre lesquels il se trouve.

Dans quelques écoles on fait usage d'ardoises, au lieu de papier, pour les premiers exercices d'écriture, le calcul, l'orthographe, etc. Ces ardoises sont ordinairement incrustées dans la table, à laquelle elles tiennent au moyen de deux petits clous à vis [1].

Au-dessous de la table on établit de petits compartiments ou casiers, de 0^m 40 de long, dans lesquels les élèves serrent leurs cahiers, leurs livres, etc.

Aux deux extrémités des tables sont fixés des montants en fer ou en bois. On attache à ces montants de la ficelle ou un fil de laiton, qui doit servir à suspendre les modèles d'écriture et de dessin.

La longueur des bancs-tables est subordonnée à la largeur de la salle. Quant aux autres dimensions, ce sont les suivantes :

[1] L'usage des ardoises rend nécessaire celui des porte-crayons, instruments en fer-blanc, destinés à recevoir les crayons devenus trop courts, et celui des frottoirs ou morceaux de lisière roulés, qui servent à nettoyer les ardoises.

Hauteur du banc	pour les petits	$0^m 40$	hauteur moyenne	$0^m 43$
	pour les grands	0 46		
Largeur du banc.				0 20
Hauteur de la table du côté opposé au banc.	petits	0 68	hauteur moyenne	0 74
	grands	0 80		
Largeur de la table	petits	0 35	largeur moyenne	0 40
	grands	0 45		

L'inclinaison de la table est de 0 05

La distance libre entre deux tables de . . 0 33

La distance du banc à l'aplomb de la table de 0 05

L'espace occupé par un banc-table est donc de $0^m 20 + 0^m 40 + 0^m 33 + 0^m 05 =$ . . . 0 98

L'espace transversal occupé par un élève

est de	petits	0 35	espace moyen	0 40
	grands	0 45		

Pour l'exécution des mouvements, il faut autour de la classe un espace libre de 1 mètre au moins, ce qui prend sur la largeur. . . . 2

et sur la longueur (à cause de l'estrade) . . 3 30

La connaissance de l'espace nécessaire à un banc-table et de celui qu'occupe un élève permet de résoudre les deux problèmes suivants.

1er PROBLÈME.

Combien pourrait contenir d'élèves une salle d'école de dimensions données, par exemple de 8 mètres sur 6.

SOLUTION. —*Largeur* =.	6m	
Espace libre pour l'exécution des mouvements.	2	
Espace restant pour les bancs-tables.	4	
Espace transversal occupé par un élève.	0	40
Nombre d'élèves par table = $\frac{4}{0\ 40}$ = ...	10	
—*Longueur* = ...	8	
Espace libre pour les mouvements et l'estrade	3	30
Espace restant pour les tables. .	4	70
Espace occupé par un banc-table.	0	98
Nombre des bancs-tables = $\frac{4\ 70}{0\ 98}$ = ...	4	80

On pourra donc facilement placer cinq tables dans une classe de 8 mètres sur 6 ; car la dernière table, pour laquelle il n'y a pas d'écartement à compter, n'occupe qu'un espace de 98c — 33 = 65c.

D'où il suit que le nombre d'élèves qu'on peut placer dans une classe de 8 mètres sur 6 = 10 × 5 = 50.

Il faut donc, pour déterminer le nombre d'élèves que peut contenir une salle de dimensions données : 1° retrancher au moins 2 mètres sur la largeur et diviser le reste par 0m 40 (espace transversal occupé par un élève), ce qui donne au quotient le nombre des élèves à placer à chaque table; 2° retrancher au moins 3m 30 sur la longueur, et diviser le reste obtenu par 0m 98 (espace occupé par un banc-table), ce qui fait connaître le nombre de tables que peut contenir la classe ; 3° enfin multiplier le premier quotient par le second.

2e PROBLÈME.

Quelles dimensions doit avoir une classe, pour contenir 60 élèves ?

SOLUTION. — Soient 12 élèves par table.

L'espace transversal occupé par ces 12 élèves $= 0^m\ 40 \times 12 =$	4m 80
L'espace libre à ajouter est de.	2
La largeur de la classe est donc de.	6 80
— Le nombre des tables $= \frac{60}{12} =$	5
L'espace occupé par les tables $= 0^m 98 \times 5 =$	4 98 [1]
L'espace libre à ajouter est de .	3 30
Ce qui donne pour la longueur de la classe.	8 20

Il faut donc, pour trouver les dimensions que doit avoir une salle d'école destinée à un nombre déterminé d'élèves : 1° placer aux tables, par la pensée, un nombre x d'élèves, trouver l'espace transversal occupé par ces élèves, en multipliant x par 0 40, puis ajouter au produit les 2 mètres qui doivent rester libres sur

[1] Ce nombre, qui suppose cinq écartements de table, devrait être diminué de 0m.33, si l'on voulait avoir un résultat exact.

la largeur, ce qui donne la largeur totale ; 2° chercher quel doit être le nombre des tables, en divisant le nombre total des élèves de la classe par celui des élèves de chaque table, puis multiplier le nombre des tables par 0 98, afin de trouver l'espace qu'elles occupent, enfin ajouter au produit obtenu les 3^{m} 30 d'espace libre, ce qui donne la longueur totale.

III ET IV. SIGNAL ET SONNETTE.—Les élèves se trouvant toujours tournés du côté de l'estrade, comme on l'a déjà dit, le maître pourra leur transmettre un grand nombre de ses commandements à l'aide d'un signal. La manière de faire usage de cet instrument bien connu sera indiquée plus loin, dans le chapitre des moyens disciplinaires, où nous exposerons également les différents usages de la sonnette.

V. PORTE-PLUMES. Les porte-plumes que nous préférons, et dont nous donnons ci-après le modèle, sont des planchettes de dimensions variables, sur lesquelles on a fixé, au moyen de rangées transversales de pointes, une bande de cuir mou formant entre ces rangées des plis numérotés, sous chacun desquels il est facile d'introduire une plume.

Il doit y avoir dans la classe autant de porte-plumes que de tables, et autant de plis à chaque porte-plumes qu'il y a d'élèves à chaque table. Pour les deux premières divisions, le nombre des plis sera même double de celui des élèves.

Après la leçon d'écriture, les porte-plumes sont serrés dans l'armoire, ou suspendus par une ficelle au bout des tables.

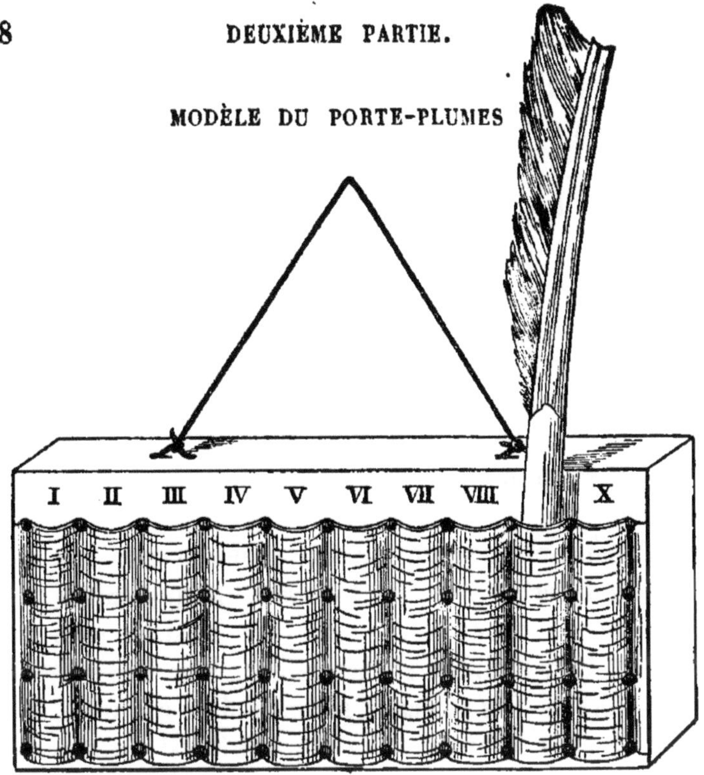

VI. Tableaux noirs. — Dans une école dirigée d'après la méthode mixte, il doit y avoir, à l'usage des élèves, un nombre de tableaux noirs égal à celui des divisions.

Quant aux écoles d'enseignement simultané, elles doivent en posséder au moins trois, qui sont destinés, l'un au maître, près duquel il doit-être placé, le second aux quatre divisions de la classe, qui viennent successivement y recevoir la leçon de calcul, le troisième enfin à la quatrième division, qu'un surveillant exerce pendant que le maître est occupé ailleurs. Ces deux derniers tableaux, fixés au mur comme le premier, sont placés à une hauteur de 0m 70 environ. Deux autres tableaux seraient nécessaires, si l'école était commune aux deux sexes.

Les tableaux noirs doivent être d'un mètre carré ; mais si le local ne permettait pas d'adopter cette dimension, on donnerait aux tableaux un mètre de largeur sur 0^{m} 70 de hauteur.

Il sera bon de tracer sur la largeur une ligne représentant le mètre et ses divisions en décimètres et en centimètres, afin que, dans tous les exercices de calcul et de système métrique, chaque élève ait devant les yeux les mesures d'où dérivent les autres unités de ce système.

Les tableaux noirs seront faits de préférence en bois de sapin bien sec, parce que la craie marque mieux sur ce bois que sur tout autre; mais on aura soin, pour la solidité, d'en maintenir l'assemblage par des traverses en chêne. Ces tableaux seront peints à l'huile, puis recouverts par une couche de vernis. Il est bon de fixer au bas une petite tringle destinée à recevoir la craie. Au haut et vers le milieu de chaque tableau, on place ordinairement un clou servant à suspendre les tableaux de lecture.

VII. TABLEAUX DE LECTURE, DE CALCUL ET DE GRAMMAIRE. — Quoique d'un plus grand usage dans les écoles dirigées d'après la méthode mixte que dans celles où l'on suit la méthode simultanée, les tableaux de lecture, de grammaire et de calcul, destinés aux commençants, sont cependant indispensables même dans celles-ci. Il est en effet beaucoup plus facile de fixer l'attention de plusieurs enfants à la fois, en leur faisant voir, sur le même tableau, un seul et même objet, qu'en les exerçant au moyen de livres ; mais ces tableaux, qui ne sont autre chose que des feuilles imprimées, devront être collés sur des planchettes de bois ou sur des cartons, dont les dimensions seront, comme celles des feuilles, de 0m 30 de hauteur environ, sur 0m 25 de largeur[1].

VIII. BAGUETTES DES RÉPÉTITEURS. — En donnant la leçon à leurs petits camarades, les répétiteurs ont toujours à la main une baguette de 0m 65 de longueur, à l'aide de laquelle ils indiquent, sur les tableaux, ce qui fait l'objet de la leçon. Après l'exercice, chaque baguette est suspendue à un clou fixé à droite de chaque tableau noir.

IX. PORTE-CHAPEAUX. — A défaut de salle servant de préau (et c'est malheureusement le cas ordinaire), il est indispensable d'établir dans la salle d'école, à une hauteur d'environ 0m 50, une tringle munie de petites pièces de bois (ou champignons), sur lesquelles les élèves déposent leurs coiffures. Ces champignons doivent porter un numéro, pour que chaque élève ait toujours le sien.

X. PLANCHETTE DE SORTIE. — Près de la porte on place une planchette, peinte en noir d'un côté et en blanc de l'autre, que chaque élève est tenu de tourner en sortant et en rentrant pendant la classe. C'est le moyen d'empêcher que le maître ne permette de sortir à plusieurs enfants à la fois.

XI. PLACARD.—Le placard est une espèce d'armoire placée dans le mur, et servant à ramasser les livres

[1] Au lieu de planchettes et de cartons, on emploie quelquefois, par économie, des cadres à charnières, dans lesquels on introduit les feuilles imprimées qu'on veut faire étudier. Chaque tableau doit, dans ce cas, être collé sur une forte feuille de papier.

de l'école, les tableaux de lecture, la collection des mesures métriques, les cahiers de composition, etc. A défaut de placard, on fixerait une planche à l'un des murs, en la plaçant à une hauteur d'environ deux mètres.

XII. Pendule. — La pendule sert à régler la durée des exercices, et doit par conséquent être placée près du maître. Dans le cas où il n'y aurait pas de pendule, celui-ci y suppléerait par une montre, qu'il déposerait sur son bureau.

XIII. Crucifix.—Au-dessus de l'estrade et en face de tous les élèves doit-être placé le crucifix. C'est devant cette image du Sauveur, qui leur offre le plus parfait modèle d'obéissance et de douceur, que les enfants feront leurs prières.

XIV. Poêle. — Le moyen de chauffage le plus économique et le plus commode, c'est le poêle. Afin d'utiliser toute la chaleur dégagée, on emploiera une grande longueur de tuyaux. Pour la salubrité, on devra préférer les poêles qui établissent le meilleur système de ventilation, c'est-à-dire de renouvellement de l'air; mais s'il est utile que l'air se renouvelle, il n'est pas moins important qu'il conserve une certaine humidité, car l'air desséché a pour effet d'irriter les poumons. On préviendra cet inconvénient en entretenant, à peu de distance du poêle, un vase plein d'eau.

XV. Thermomètre.—Enfin il est avantageux qu'un thermomètre soit placé près de l'estrade, afin que le maître puisse vérifier de temps en temps si la température n'est point trop élevée. En général, on ne doit pas chauffer de manière à obtenir plus de douze degrés de chaleur.

CHAPITRE III

Moyens disciplinaires.

La discipline, dans une école, est d'une nécessité indispensable pour former le cœur et développer l'intelligence des enfants. C'est surtout comme condition de succès que nous l'envisageons ici. Considérée à ce point de vue, la discipline est l'ensemble des moyens les plus propres à faire régner l'ordre dans la classe, et à y maintenir l'attention des élèves. Or les principaux moyens que l'Instituteur peut employer, pour atteindre ce résultat, sont :

1° La bonne distribution du temps et du travail ;
2° Les commandements ;
3° Les registres ;
4° Les surveillants ;
5° Les récompenses ;
6° Les punitions.

ARTICLE Ier.

Bonne distribution du temps et du travail.

L'article 11 du Règlement des écoles[1] prescrit qu'il y aura tous les jours, excepté le dimanche et le jeudi, deux classes de chacune trois heures au moins, qui seront consacrées aux exercices suivants, déterminés par l'aticle 23 de la loi du 15 mars 1850 :

1° Instruction morale et religieuse ;

[1] Statut du 25 avril 1834.

2° Lecture;

3° Écriture;

4° Éléments de la langue française;

5° Calcul et système légal des poids et mesures.

Outre ces cinq branches d'instruction, essentielles dans toute école, l'Instituteur pourra, s'il remplit la condition d'aptitude exigée par l'article 46 de la même loi, et que les intentions de la commune à cet égard aient été approuvées par le conseil académique (art. 36), enseigner les éléments de la géographie et de l'histoire, le dessin linéaire, le chant, et même les branches d'instruction réservées aux anciennes écoles supérieures, savoir : le toisé, l'arpentage, le nivellement, les notions usuelles des sciences physiques et de l'histoire naturelle [1].

Il est désirable que toutes les matières essentielles de l'instruction soient enseignées à tous les élèves; mais là ne doit pas se borner la sollicitude de l'Instituteur. Il faut encore qu'il procède avec ordre dans cet enseignement; il faut qu'il assigne à chaque branche d'instruction une part de temps qui soit en rapport avec son importance et ses difficultés; il faut surtout qu'il distribue les divers objets d'étude de manière que, depuis le commencement de la classe jusqu'à la fin, tous les élèves soient constamment occupés. Le bon emploi du temps, parmi les nombreux avantages qu'il procure, contribue puissamment au maintien de la discipline. Les enfants, nous l'avons déjà dit, sont

[1] Contrairement au texte de la loi du 28 juin 1833, plusieurs décisions du conseil de l'Université avaient rattaché à l'enseignement élémentaire l'histoire, la géographie, le dessin linéaire et le chant.

légers et mobiles; mais l'ennui accroît encore cette légèreté déjà si grande, et la fait dégénérer en dissipation. Il faut donc absolument prévenir l'ennui, et par conséquent l'inaction qui en est la source. Si le maître, obligé de s'occuper successivement des quatre ou cinq divisions dont sa classe se compose, abandonne entièrement à eux-mêmes les enfants d'une division, pendant qu'il donne ses soins à ceux d'une autre, il n'a pas besoin de compter sur leur travail, pas plus que sur leur exactitude à observer le silence. En vain de temps à autre il les rappellera au respect de la règle, en vain il emploiera les punitions pour les contenir; il ne réussira qu'à les tourmenter et à leur faire détester l'école. S'il veut qu'ils soient paisibles, il faut qu'il les mette dans la nécessité de l'être; il faut que, par une suite non interrompue d'exercices utiles et variés, il leur ôte tout à la fois le moyen et la pensée de mal faire.

Nous ne prétendons pas déterminer d'une manière absolue le temps que doit durer chacun des exercices, l'ordre dans lequel il convient de les faire, et les diverses combinaisons propres à assurer la continuité du travail, parce que des considérations particulières à la localité ou à l'Instituteur exigent quelquefois des modifications dont la sagacité de celui-ci pourra seule apprécier les avantages. Toutefois, nous croyons devoir offrir un modèle de la répartition du temps et du travail dans les deux tableaux suivants, appropriés, l'un à la méthode simultanée, l'autre à la méthode mixte.

La lettre M indique, dans ce dernier tableau, que c'est le maître qui dirige l'exercice; la lettre S, que c'est le surveillant; enfin la lettre I, qu'il s'agit d'un travail fait individuellement.

No 1.

DISTRIBUTION DU TEMPS ET DU TRAVAIL D'APRÈS LA MÉTHODE SIMULTANÉE.

JOURS de CLASSE.	CLASSE DU MATIN.												CLASSE DU SOIR.												
ÉTÉ.	8 à 8,15	8,15 à 8,30	8,30 à 8,45	8,45 à 9	9 à 9,15	9,15 à 9,20	9,20 à 10	10 à 10,15	10,15 à 10,30	10,30 à 10,45	10,45 à 11	à 11 heures.	1,30 à 1,45	1,45 à 2	2 à 2,15	2,15 à 2,30	2,30 à 2,45	2,45 à 3,15	3,15 à 3,20	3,20 à 3,30	3,30 à 3,45	3,45 à 4	4 à 4,15	4,15 à 4,30	à 4 [illegible]
HIVER.	8,30 à 8,45	8,45 à 9	9 à 9,15	9,15 à 9,30	9,30 à 9,45	9,45 à 9,50	9,50 à 10,30	10,30 à 10,45	10,45 à 11	11 à 11,15	11,15 à 11,30	à 11,30	1 à 1,15	1,15 à 1,30	1,30 à 1,45	1,45 à 2	2 à 2,15	2,15 à 2,45	2,45 à 2,50	2,50 à 3	3 à 3,15	3,15 à 3,30	3,30 à 3,45	3,45 à 4	à 4 [illegible]
PREMIÈRE DIVISION.																									
Lundi	Entrée. Appel. Prière.	Lecture.	Étude de la grammaire.			Sortie.	Écriture.	Grammaire.	Devoir de grammaire.			Prière. Sortie.	Entrée. Appel. Prière.	Lecture.	Devoir de calcul.			Dessin.	Sortie.	Chant.	Calcul.	Copie du devoir.			Prière.
Mardi	Id.	Id.	Étude de la géographie.			Id.	Id.	Dictée. Correction de la dict. et du dev.	Copie de la dictée et du devoir.			Id.	Id.	Géograph.	Étude de l'histoire sainte.			Id.	Id.	Id.	Id.	Devoir de calcul.			Id.
Mercredi	Id.	Hist. Sainte.	Analyse écrite.			Id.	Id.	Dictée. Correction de la dict. et de l'anal.	Copie de la dictée et de l'analyse.			Id.	Id.	Lecture.	Problèmes appliqués au système métr.			Id.	Id.	Id.	Calc. syst. métrique.	Copie des devoirs.			Id.
Vendredi	Id.	Lecture.	Étude de la grammaire.			Id.	Id.	Grammaire.	Devoir de grammaire.			Id.	Id.	Id.	Devoir de calcul.			Id.	Id.	Id.	Calcul.	Id.			Id.
Samedi	Id.	Id.	Étude de l'histoire de France.			Id.	Catéchisme. Étude.	Dictée. Correction de la dict. et du dev.	Copie de la dictée et du devoir.			Id.	Id.	Hist. de Fr.	Id.			Id.	Id.	Id.	Id.	Id.			Id.
DEUXIÈME DIVISION.																									
Lundi	Id.	Étude de la leç. de lecture.	Lecture.	Étude de la grammaire.		Id.	Écriture.	Étude de la grammaire.	Grammaire.	Devoir de grammaire.		Id.	Id.	Étude de la leç. de lecture.	Lecture.	Devoir de calcul.		Écriture.	Id.	Id.	Devoir de calc.	Calcul.	Copie du devoir.		Id.
Mardi	Id.	Id.	Id.	Étude de l'histoire sainte.		Id.	Id.	Étud. de la géographie.	Dictée. Correction de la dict. et du dev.	Copie de la dict. et du dev.		Id.	Id.	Étude de la géographie.	Géograph.	Étude du catéchisme.		Id.	Id.	Id.	Id.	Id.	Devoir de calcul.		Id.
Mercredi	Id.	Étude du catéch.	Hist. Sainte. Catéchisme.	Analyse écrite.		Id.	Id.	Analyse écrite.	Dictée. Correction de la dict. et de l'anal.	Cop. de la dic. et de l'anal.		Id.	Id.	Étude de la leç. de lecture.	Lecture.	Probl. appl. au syst. métr.		Dessin.	Id.	Id.	Problèmes.	Calc. syst. métrique.	Copie des devoirs.		Id.
Vendredi	Id.	Étude de la leç. de lecture.	Lecture.	Étude de la grammaire.		Id.	Id.	Étude de la grammaire.	Grammaire.	Devoir de grammaire.		Id.	Id.	Id.	Id.	Devoir de calcul.		Écriture.	Id.	Id.	Devoir de calc.	Calcul.	Id.		Id.
Samedi	Id.	Id.	Id.	Étude du catéchisme.		Id.	Étude. catéch.	Étude de l'hist. de France.	Dictée. Correction de la dict. et du dev.	Copie de la dict. et du dev.		Id.	Id.	Étude de l'hist. de France.	Hist. de Fr.	Id.		Dessin.	Id.	Id.	Id.	Id.	Id.		Id.
TROISIÈME DIVISION.																									
Lundi	Id.	Étude de la leç. de lect.		Lecture.	Étud. de la gram.	Id.	Écriture.	Étude de la grammaire.		Grammaire.	Dev. de gramm.	Id.	Id.	Étude de la leçon de lect.		Lecture.	Id.	Écriture.	Id.	Id.	Devoir de calcul.		Calcul.	Copie du devoir.	Id.
Mardi	Id.	Id.		Id.	Étud. du catéch.	Id.	Id.	Étude de mots français.		Dictée. Correction de la dict. et du dev.	Copie de la dictée et du dev.	Id.	Id.	Id.		Id.	Id.	Id.	Id.	Id.	Id.		Id.	Id.	Id.
Mercredi	Id.	Étude des prières et du catéchisme.		Catéchisme.	Étude de mots français.	Id.	Id.	Analyse écrite.		Correction de l'analyse. Épellation.	Copie de l'anal.	Id.	Id.	Id.		Id.	Id.	Id.	Id.	Id.	Id.		Calc. syst. métrique.	Id.	Id.
Vendredi	Id.	Étude de la leç. de lecture.		Lecture.	Étud. de la gramm.	Id.	Id.	Étude de la grammaire.		Grammaire.	Dev. de gramm.	Id.	Id.	Id.		Id.	Id.	Id.	Id.	Id.	Id.		Calcul.	Id.	Id.
Samedi	Id.	Id.		Id.	Étud. du catéch.	Id.	Étude. catéch. Étude.	Étude de mots français.		Dictée. Correction de la dict. et du dev.	Copie de la dict. et du devoir.	Id.	Id.	Id.		Id.	Id.	Id.	Id.	Id.	Id.		Id.	Id.	Id.
QUATRIÈME DIVISION.																									
Lundi	Id.	Lecture. (Avec un surveillant.)			Lecture.	Id.	Écriture.	Orthogr. verb. (Avec un surveillant.)			Grammaire.	Id.	Id.	Lecture. (Avec un surveillant.)			Lecture.	Id.	Id.	Id.	Calcul verbal. (Avec un surveillant.)			Calc. verb.	Id.
Mardi	Id.	Id.		Id.	Id.	Id.	Id.	Id.		Id.	Épellation.	Id.	Id.	Id.			Id.	Id.	Id.	Id.		Id.		Lecture [illegible]	Id.
Mercredi	Id.	Récitation des prières.		Id.	Prières.	Id.	Id.	Id.		Id.	Conjugais.	Id.	Id.	Id.			Id.	Id.	Id.	Id.		Id.		Syst. métr.	Id.
Vendredi	Id.	Lecture.		Id.	Lecture.	Id.	Id.	Récitation du catéch.		Id.	Grammaire.	Id.	Id.	Id.			Id.	Id.	Id.	Id.		Id.		Calc. verb.	Id.
Samedi	Id.	Id.		Id.	Id.	Id.	Étude. catéch.	Orthogr. verb.		Id.	Épellation.	Id.	Id.	Id.			Id.	Id.	Id.	Id.		Id.		Lecture [illegible]	Id.

DISTRIBUTION DU TEMPS ET DU TRAVAIL D'APRÈS LA MÉTHODE MIXTE.

…urs	CLASSE DU MATIN.												CLASSE DU SOIR.												
Été.	8 à 8,15	8,15 à 8,28	8,28 à 8,41	8,41 à 8,53	8,53 à 9,5	9,5 à 9,50	9,50 à 10	10 à 10,15	10,15 à 10,30	10,30 à 10,45	10,15 à 11	à 11 heures.	1,30 à 1,45	1,45 à 1,55	1,55 à 2,5	2,5 à 2,15	2,15 à 2,25	2,25 à 3,5	3,5 à 3,15	3,15 à 3,30	3,30 à 3,45	3,45 à 4	4 à 4,15	4,15 à 4,30	à 4,30
…sse. Hiver.	8,30 à 8,45	8,45 à 8,58	8,58 à 9,11	9,11 à 9,23	9,23 à 9,35	9,35 à 10,20	10,20 à 10,30	10,30 à 10,45	10,45 à 11	11 à 11,15	11,15 à 11,30	à 11,30	1 à 1,15	1,15 à 1,25	1,25 à 1,35	1,35 à 1,45	1,45 à 1,55	1,55 à 2,35	2,35 à 2,45	2,45 à 3	3 à 3,15	3,15 à 3,30	3,30 à 3,45	3,45 à 4	à 4 heures.
PREMIÈRE DIVISION.																									
…i	Entrée. Appel. Prière.	**Lecture.** (M)	Lecture. (S)	Exercice de gramm. (S)		Écriture. (M)	Sortie.	**Gramm^re.** (M)	Dictée. (S)	Devoir de grammaire. (I)		Prière. Sortie.	Entrée. Appel. Prière.	**Lecture.** (M)	Lecture. (S)	Devoir de calcul. (I)		Dessin. (M)	Sortie.	Chant. (M)	**Calcul.** (M)	Calcul. (S)	Copie du devoir (I)		Prière. Sortie.
…i	Id.	**Id.** (M)	Id. (S)	Exercice de géograph. (S)		Id. (M)	Id.	**Correction** de la dict. et du dev. d'hier. (M)	Copie de la dictée et du devoir d'hier. (I)	Récit. de l'histoire s^te. (S)		Id.	Id.	**Géograph.** (M)	Géographie. (S)	Id. (I)		Id. (M)	Id.	Id. (M)	**Id** (M)	Id. (S)	Id. (I)		Id.
…redi	Id.	**Hist. S^te.** (M)	Hist. Sainte. (S)	Analyse écrite. (I)		Id. (M)	Id.	**Correction** de [illegible] dictée. (M)	Dictée. (S)	Correction de la dict. et copie de cette dictée. (I)		Id.	Id.	**Lecture.** (M)	Lecture. (S)	Problèmes appliqués au système métrique. (I)		Id. (M)	Id.	Id. (M)	**Syst. métr.** (M)	Syst. métriq. (S)	Id. (I)		Id.
…redi	Id.	**Lecture.** (M)	Lecture. (S)	Exercice de gramm. (S)		Id. (M)	Id.	**Gramm^re.** (M)	Id. (S)	Devoir de grammaire. (I)		Id.	Id.	**Id.** (M)	Id. (S)	Devoir de calcul. (I)		Id. (M)	Id.	Id. (M)	**Calcul.** (M)	Calcul. (S)	Id. (I)		Id.
…di	Id.	**Id.** (M)	Id. (S)	Récit. du catéchisme. (S)		Catéch^me. (M) Id. (S)	Id.	**Correction** de la dict. et du dev. d'hier. (M)	Copie de la dictée et du devoir d'hier. (I)	Récit. de l'hist. de Fr. (S)		Id.	Id.	**Hist. de Fr.** (M)	Hist. de Fr. (S)	Id. (I)		Id. (M)	Id.	Id. (M)	**Id** (M)	Id (S)	Id. (I)		Id.
DEUXIÈME DIVISION.																									
…i	Id.	Lecture. (S)	**Lecture.** (M)	Lecture. (S)	Exercice de grammaire. (S)	Écriture. (M)	Id.	Exercice de grammaire. (S)	**Gramm^re.** (M)	Devoir de grammaire. (I)		Id.	Id.	Lecture. (S)	**Lecture.** (M)	Lecture. (S)		Écriture. (M)	Id.	Id. (M)	Devoir de calcul. (I)	**Calcul.** (M)	Calcul. (S)	Copie du dev. (I)	Id.
…i	Id.	Id. (S)	**Id.** (M)	Id. (S)	Exercice de géographie. (S)	Id. (M)	Id.	Dictée. (S)	**Correction** de cette dictée et du dev. d'hier. (M)	Copie de cette dictée et Analyse écrite. (I)		Id.	Id.	Géographie. (S)	**Géog^ie.** (M)	Id. (S)		Id. (M)	Id.	Id. (M)	Id (I)	**Id** (M)	Id. (S)	Id. (I)	Id.
…redi	Id.	Récitation du catéchisme. (S)	**Catéch.** (M)	Récitation du catéchisme. (S)	Récitation du catéchisme. (S)	Id. (M)	Id.	Id. (S)	**Correction** de cette dictée et de l'analyse d'hier. (M)	Copie de la dictée et de l'analyse. (I)		Id.	Id.	Hist. Sainte. (S)	**Hist. S^te.** (M)	Id. (S)		Dessin. (M)	Id.	Id. (M)	Id. (I)	**Syst. métr.** (M)	Syst. métriq. (S)	Id. (I)	Id.
…redi	Id.	Lecture. (S)	**Lecture.** (M)	Lecture. (S)	Exercice de grammaire. (S)	Id. (M)	Id.	Exercice de grammaire. (S)	**Gramm^re.** (M)	Devoir de grammaire. (I)		Id.	Id.	Lecture. (S)	**Lecture.** (M)	Id. (S)		Écriture. (M)	Id.	Id. (M)	Id. (I)	**Calcul** (M)	Calcul. (S)	Id. (I)	Id.
…di	Id.	Id. (S)	**Id.** (M)	Id. (S)	Récit. du catéchisme. (S)	Réc. du caté. (S) Catéch^me. (M) Id. (S)	Id.	Dictée. (S)	**Correction** de cette dictée et du dev. d'hier. (M)	Copie de la dictée et du devoir. (I)		Id.	Id.	Hist. de Fr. (S)	**Hist. de Fr.** (M)	Id. (S)		Dessin. (M)	Id.	Id. (M)	Id. (I)	**Id** (M)	Id. (S)	Id. (I)	Id.
TROISIÈME DIVISION.																									
…di	Id.	Lecture. (S)		**Lecture.** (M)	Lecture. (S)	Écriture. (M)	Id.	Exercice de gramm. (S)		**Gramm^re.** (M)	Conjug. des v. (S)	Id.	Id.	Lecture. (S)		**Lecture.** (M)	Lecture. (S)	Écriture. (M)	Id.	Id. (M)	Calcul. (S)		**Calcul.** (M)	Calcul. (S)	Id.
…di	Id.	Id. (S)		**Id.** (M)	Id. (S)	Id. (M)	Id.	Épellation. (S)		**Orthogr^e.** au tableau. (M)	Analyse. (S)	Id.	Id.	Id. (S)		**Id.** (M)	Id. (S)	Id. (M)	Id.	Id. (M)	Id. (S)		**Id** (M)	Id. (S)	Id.
…redi	Id.	Récit. du catéchisme. (S)		**Catéch.** (M)	Récitation des prières. (S)	Id. (M)	Id.	Id. (S)		**Id.** (M)	Id. (S)	Id.	Id.	Id. (S)		**Id.** (M)	Id. (S)	Id. (M)	Id.	Id. (M)	Système métrique. (S)		**Syst. métr.** (M)	Syst. métriq. (S)	Id.
…dredi	Id.	Lecture. (S)		**Lecture.** (M)	Lecture. (S)	Id. (M)	Id.	Exercice de gramm. (S)		**Gramm^re.** (M)	Conjug. des v. (S)	Id.	Id.	Id. (S)		**Id.** (M)	Id. (S)	Id. (M)	Id.	Id. (M)	Calcul. (S)		**Calcul** (M)	Calcul. (S)	Id.
…edi	Id.	Id. (S)		**Id.** (M)	Id. (S)	Réc. du caté. (S) Catéch^me. (M) Id. (S)	Id.	Épellation. (S)		**Orthogr.** au tableau. (M)	Analyse. (S)	Id.	Id.	Id. (S)		**Id.** (M)	Id. (S)	Id. (M)	Id.	Id. (M)	Id. (S)		**Id.** (M)	Id. (S)	Id.
QUATRIÈME DIVISION.																									
…di	Id.	Lecture. (S)			**Lecture.** (M)	Écriture. (M)	Id.	Exercice de grammaire. (S)			**Gramm.** (M)	Id.	Id.	Lecture. (S)			**Lecture.** (M)	Id. (M)	Id.	Id. (M)	Calcul verbal. (S)			**Calcul.** (M)	Id.
…di	Id.	Id. (S)			**Id.** (M)	Id. (M)	Id.	Lecture. (S)			**Épellat.** (M)	Id.	Id.	Id. (S)			**Id.** (M)	Id. (M)	Id.	Id. (M)	Id. (S)			**Id.** (M)	Id.
…redi	Id.	Récitation des prières. (S)			**Prières.** (M)	Id. (M)	Id.	Conjugaison des verbes. (S)			**Id.** (M)	Id.	Id.	Id. (S)			**Id** (M)	Id. (M)	Id.	Id. (M)	Système métrique. (S)			**Syst. m.** (M)	Id.
…dredi	Id.	Lecture. (S)			**Lecture.** (M)	Id. (M)	Id.	Exercice de grammaire. (S)			**Gram^re.** (M)	Id.	Id.	Id. (S)			**Id** (M)	Id. (M)	Id.	Id. (M)	Lecture et écriture des nombres. (S)			**Lecture** et écriture des nombres. (M)	Id.
…edi	Id.	Id.			(S) **Id.** (M)	Réc. des prières. (S) Catéch. (M)	Id.	Lecture. (S)			**Épellat.** (M)	Id.	Id.	Id.			(S) **Id.** (M)	Id. (M)	Id.	Id. (M)	Id. (S)			**Id.** (M)	Id.

ARTICLE II.

Commandements.

On conçoit qu'il y ait dans une classe un certain nombre de commandements se répétant chaque jour et à chaque leçon. Ces commandements, nécessaires pour faire opérer les mouvements et diriger les exercices, seront un nouveau moyen de discipline, s'ils sont courts, précis et propres, en certains cas, à attirer l'attention de toutes les divisions à la fois. Mais pour cela il faut, autant que possible, qu'au lieu d'être transmis par la parole, ils le soient par des signes ou des sons convenus. La voix du maître, surtout quand elle est prodiguée, trouble le silence général de la classe et ne fait sur les enfants qu'une légère impression. L'habitude de trop parler a d'ailleurs l'inconvénient de fatiguer beaucoup celui qui s'y livre, quelquefois même de compromettre sa santé. L'Instituteur n'emploiera donc la parole, pour le gouvernement de sa classe, que lorsqu'il s'agit de prononcer le nom d'un élève en défaut, et dans les cas assez rares où il se passe quelque chose d'extraordinaire, où il est besoin d'une répression énergique. Mais alors ce moyen inusité devra produire une forte sensation, et faire cesser promptement le désordre qui aurait pu se manifester. Un fait confirmé par l'expérience, c'est que l'école la mieux tenue est toujours celle où le maître parle le moins. C'est donc à l'aide des signes du corps, de la sonnette et du signal que celui-ci transmettra la plupart de ses commandements.

I. Signes du corps. — Plusieurs commandements

pourront être transmis aux élèves au moyen de simples gestes. Ainsi, pour rappeler à l'ordre un enfant qui s'en éloigne, il suffira le plus souvent d'un coup d'œil, d'un mouvement de la main ou de la tête, ou, si le cas est grave, de l'interruption de l'exercice et d'un regard fixé sur l'élève en défaut. Dans un grand nombre d'occasions, le maître prendra, en regardant un enfant, l'attitude qu'il veut que celui-ci prenne. La permission de faire un mouvement dans la classe sera également accordée, comme elle doit être demandée, par un signe convenu.

II. Sonnette. — C'est surtout à l'aide de la sonnette que la maître attire l'attention générale ; il s'en sert dans la cour des récréations, pour faire cesser le jeu et inviter les élèves à se mettre en rang. Il s'en sert dans la classe, pour arrêter une marche bruyante, pour faire recommencer un mouvement mal exécuté. Enfin il l'emploie chaque fois que le bruit du signal est impuissant pour attirer l'attention de tous les élèves[1].

Quant à la manière de combiner l'emploi de la sonnette avec celui du signal, dans les écoles d'enseignement mixte ou d'enseignement simultané, voyez ci-dessous le tableau des commandements.

III. Signal. — Le signal est surtout employé dans les écoles qui suivent la méthode simultanée ou la méthode mixte. C'est un instrument en bois, composé de deux parties principales, le *manche* et la *tapette*. Cet instrument, qui ménage singulièrement la poitrine du maître, sert, comme la sonnette, à réclamer l'atten-

[1] Dans les écoles mutuelles, où l'on fait usage du sifflet, c'est le moniteur général qui se sert de la sonnette.

tion des enfants; mais il a l'avantage de troubler moins le silence de la classe, ce qui le fait employer beaucoup plus fréquemment. Suivant la manière dont on s'en sert, il réclame l'attention de plusieurs divisions à la fois ou d'une division seulement.

Voici comment, au moyen du signal et de la sonnette, on peut exprimer les commandements les plus ordinaires, soit pour faire opérer les mouvements, soit pour diriger les exercices.

TABLEAU DES COMMANDEMENTS [1].

Nos.	COMMANDEMENTS.	NATURE de la méthode.	MANIÈRE de transmettre les COMMANDEMENTS.	MANIÈRE de LES EXÉCUTER.
1	Entrez en classe.	»	Le maître bat la mesure, en frappant sur l'estrade avec le signal.	Au 3e coup de signal, les élèves partent du pied gauche, en marchant au pas et en chantant.
2	Disposez-vous à l'appel.	»	Un coup de sonnette ; puis un coup de signal.	La sonnette fait cesser la marche, et le coup de signal avertit les élèves de se tourner en face du maître, qui commence aussitôt l'appel.
3	Disposez-vous à aller aux tables.	»	Un coup de signal.	Les élèves se tournent pour continuer leur marche.
4	Allez aux tables.	»	No 1er.	No 1er.
5	Mettez-vous à genoux pour la prière.	»	Un coup de sonnette. — Deux coups de signal. — Le maître désigne un élève, en le nommant.	Le coup de sonnette fait cesser la marche. Les deux coups de signal avertissent les élèves : le 1er de faire face à l'estrade, le 2e de se mettre à genoux.

1 La plupart des commandements contenus dans ce tableau sont communs à la méthode simultanée et à la méthode mixte. Nous indiquerons par la lettre **S** ceux qui ne conviennent qu'à la première et par la lettre **M** ceux qui sont propres à la seconde.

Nos.	COMMANDEMENTS.	NATURE de la méthode.	MANIÈRE de transmettre les COMMANDEMENTS.	MANIÈRE de LES EXÉCUTER.
6	Que la 2e et la 3e division s'asseyent.	S	Trois coups de signal.	Au premier coup de signal, toute la classe qui était à genoux pour la prière se met debout; au second coup, les élèves des divisions qui doivent s'asseoir étendent les mains sur les tables; au troisième, ils s'enlèvent et s'asseyent.
7	Que la 1re division vienne à l'estrade pour la lecture; que la 4e aille s'exercer au tableau, sous la conduite de son surveillant.	S	Un coup de signal suivi d'un temps d'arrêt. — Le reste comme au no 1er. Si le maître ne désigne pas la division qu'il veut faire venir à l'estrade, c'est parce que nous supposons que les quatre divisions s'y succèdent dans leur ordre naturel, ou du moins dans un ordre invariablement suivi.	Au coup de signal, les élèves de la première division prennent leur livres, puis les deux divisions se mettent en marche, chacune de leur côté.
8	Que la division appelée commence la lecture.	»	Un coup de tapette.—Le maître montre ensuite l'élève qui doit lire.	L'élève désigné lit assez haut pour être entendu du maître et de ses condisciples, assez bas pour ne pas troubler les autres divisions.

N^os.	COMMANDEMENTS.	NATURE de la méthode.	MANIÈRE de transmettre les COMMANDEMENTS.	MANIÈRE de LES EXÉCUTER.
9	Corrigez une faute que vous venez de commettre.	»	Deux coups de tapette précipités.	L'élève reprend une on deux fois ; dans le cas de non-succès, un de ses camarades est désigné pour corriger la faute commise.
10	Reprenez plus loin.	»	Trois coups de tapette non précipités.	L'élève recommence la phrase, à partir du point.
11	Que toute la division soit attentive.	»	Trois coups de tapette précipités.	Tous les élèves de la division qui lit regardent le maître.
12	Lisezplus haut.	»	N° 11.—Le maître porte à la bouche l'extrémité du signal, qu'il élève ensuite.	L'enfant prend aussitôt un ton plus élevé.
13	Lisez plus bas.	»	N° 11.—Le maître, après avoir porté à la bouche l'extrémité du signal, l'abaisse vers la terre.	L'élève baisse aussitôt la voix.
14	Passons à un autre élève.	»	Un seul coup de tapette.	L'élève suivant ou l'élève désigné par le maître lit à son tour.

Nos.	COMMANDEMENTS.	NATURE de la méthode.	MANIÈRE de transmettre les COMMANDEMENTS.	MANIÈRE de LES EXÉCUTER.
15	Que la division qui vient de lire retourne à sa place	S	Un coup de tapette, suivi d'un temps d'arrêt. — Puis le maître bat la mesure comme au no 1er, mais avec la tapette du signal.	Au coup de tapette, la division cesse de lire et se dispose à retourner à sa place. Après deux autres coups de tapette, elle part en marchant au pas.
16	Que la même division s'asseye.	S	Un fort coup de tapette, suivi de deux coups ordinaires.	Au premier coup, les élèves s'arrêtent; au deuxième, ils appuient les mains sur la table ; au troisième, ils s'enlèvent et s'asseyent.
17	Que la 2e division se lève et vienne à son tour à l'estrade.	S	Six coups de tapette, après lesquels le maître bat la mesure comme au no 15.	Au premier coup, les élèves mettent les mains sur la table ; au deuxième, ils croisent les bras; au troisième, ils se tournent; au quatrième, ils appuient les mains sur les tables ; au cinquième, ils s'enlèvent; au sixième, ils prennent leur livre. Après deux autres coups de tapette, ils se dirigent vers l'estrade en marchant au pas.

4.

Nos.	COMMANDEMENTS.	NATURE de la méthode.	MANIÈRE de transmettre les COMMANDEMENTS.	MANIÈRE de LES EXÉCUTER.
18	Que tous les élèves se rendent aux cercles, pour la classe de lecture (ou de calcul, ou de géographie, etc., ou pour la récitation des leçons).	M	Le maître annonce à haute voix la classe qui va avoir lieu. — Le reste comme au no 1er.	Les élèves, que nous supposons debout, se rendent à leurs cercles respectifs, en marchant au pas et en chantant.
19	Que l'on commence l'exercice.	M	Un coup de sonnette. — Un coup de signal.	Le coup de sonnette fait cesser la marche. Au coup de signal, les élèves de chaque groupe commencent la lecture (ou le calcul, ou la géographie, etc.), sous la conduite du surveillant désigné, en attendant que le maître les appelle à l'estrade.
20	Que tel groupe vienne à l'estrade.	M	Le maître désigne le groupe, puis il bat la mesure comme au no 15.	Au troisième coup de tapette, le surveillant du groupe qu'on vient d'appeler conduit à l'estrade ses condisciples, qui tiennent leur livre ouvert.

Nos	COMMANDEMENTS.	NATURE de la méthode.	MANIÈRE de transmettre les COMMANDEMENTS.	MANIÈRE de LES EXÉCUTER.
21	Que le groupe qui vient de lire s'en aille, et qu'un autre lui succède.	M	Un fort coup de tapette.—Le maître désigne un nouveau groupe, puis il bat la mesure comme au nº 15.	Au coup de tapette, le groupe qui est à l'estrade cesse de lire; après deux autres coups, il retourne à sa place en marchant au pas, pendant que le groupe désigné vient le remplacer.
22	Qu'on cesse la lecture et qu'on rentre dans les tables.	M	Un coup de sonnette.—Un coup de signal. — Le reste comme au nº 1er.	La lecture cesse. Les élèves se tournent. Le reste comme au nº 1er. Comme la classe d'écriture va bientôt commencer, et qu'il peut arriver que les divisions ne soient pas composées de la même manière pour la lecture et pour l'écriture, quelques élèves changent de division, pendant la marche qui se fait en ce moment.
23	Que tous les élèves s'asseyent.	M	Un coup de sonnette. — Deux coups de signal.	Même exécution qu'au nº 16.
24	Qu'on se dispose à écrire.	»	Le maître annonce à haute voix la *classe d'écriture*, puis bat la mesure comme au nº 15.	Tous les élèves qui écrivent prennent leurs cahiers. Les premiers de table, restés debout, distribuent les modèles et les plumes.

Nos.	COMMANDEMENTS.	NATURE de la méthode.	MANIÈRE de transmettre les COMMANDEMENTS.	MANIÈRE de LES EXÉCUTER.
25	Que les premiers de table s'asseyent.	»	Trois coups de tapette.	Même exécution qu'au no 16.
26	Commencez l'écriture.	»	Un coup de signal.	Tous les élèves se mettent à écrire.
27	Cessez l'écriture.	»	Un coup de sonnette. — Cinq coups de tapette. — Puis le maître bat la mesure comme au no 15, et fait asseoir les premiers de table comme au no 16.	Les élèves serrent leurs cahiers. Les premiers de table se lèvent, comme il est dit au no 17, serrent les plumes et les modèles, puis exécutent, pour s'asseoir, les mouvem. indiqués au no 16.
28	Changez de cahiers, pour la correction des devoirs d'orthographe, *ou, après cette correction*, remettez-vous vos cahiers.	»	Quatre coups de tapette.	Au premier coup, les élèves prennent leurs cahiers de la main droite; au 2e, ceux qui sont sur le banc de devant font un quart de tour; au 3e, ils changent de cahiers; au 4e, ils se remettent à leur place.
29	La classe est finie : levez-	»	Un coup de sonnette.—Six coups	Au premier coup de signal, les élèves

Nos.	COMMANDEMENTS.	NATURE de la méthode.	MANIÈRE de transmettre les COMMANDEMENTS.	MANIÈRE de LES EXÉCUTER.
	vous pour la prière.		de signal.	mettent les mains sur leur table; au 2e, ils croisent les bras; au 3e, ils se tournent; au 4e, ils appuient les mains sur les tables; au 5e, ils s'enlèvent; au 6e, ils se mettent à genoux et se croisent de nouveau les bras.
30	Sortez de la classe.	»	Deux coups de signal.—Le reste comme au no 1er.	Au premier coup de signal, les élèves se mettent debout; au 2e, ils se tournent du côté par où ils doivent sortir des tables. Le reste comme au no 1er.

Observations. 1° Ainsi qu'on a pu le remarquer, on se sert de la tapette, au lieu de frapper sur l'estrade avec le signal, quand on fait mouvoir un groupe, une division ou les premiers de table.

2° Le maître pourra, pour la récitation des leçons et des prières, pour la correction des devoirs d'orthographe et même de calcul, se servir du signal comme pour la lecture.

ARTICLE III.

Registres.

Les registres contribuent aussi puissamment au bon gouvernement d'une classe, puisqu'ils fournissent à l'Instituteur le moyen de se rendre compte à chaque instant du nombre de ses élèves, de leur assiduité, de leur conduite et de leurs progrès. Il devra donc les tenir avec le plus grand soin. Les registres indispensables dans toute école sont :

1° Le registre d'inscription ;

2° Le registre d'appel et de notes ;

3° Le registre des compositions[1].

I. Registre d'inscription.—Le registre d'inscription a pour objet de faire connaître, à tout instant donné, le mouvement du personnel de l'école. On y inscrit les élèves au fur et à mesure qu'ils se présentent, en donnant à chacun d'eux un numéro d'ordre.

Ce registre, conforme au modèle ci-contre, renferme quatorze colonnes. Dans la quatrième, qui est intitulée *âge*, on inscrit la date de la naissance. Quant à la cinquième, la sixième, la huitième, la neuvième et la dixième, on note simplement par un trait vertical les élèves auxquels peuvent convenir les qualifications indiquées dans ces colonnes.

Le registre d'inscription doit être renouvelé tous les ans, à l'époque de la rentrée des élèves. Dans les écoles fréquentées par les deux sexes, on inscrit les garçons d'un côté et les filles de l'autre.

[1] Il est convenable de tenir aussi des registres de comptabilité et de correspondance ; mais, comme ceux-ci regardent personnellement l'Instituteur plutôt qu'ils n'intéressent la discipline, nous n'avons pas à nous en occcuper.

MODÈLE DU REGISTRE D'INSCRIPTION.

ANNÉE SCOLAIRE 1850-51.													
Nos d'Ordre.	NOMS.	PRÉNOMS.	AGE.	VACCINATION. Élèves.			Élèves suivant chaque jour.		Élèves dispensés de la rétribution mensuelle.	DATES			OBSERVATIONS.
				Vaccinés.	Ayant eu la petite vérole	Date du certificat du médecin.	Les deux classes.	Une seule classe.		de l'entrée à l'école.	de la sortie.	de la rentrée.	
1	Foubert.	Henri.	10 sept. 40	1			1		1	1er oct. 1850	1r mars 1851	15 juil. 1851	
2	Orgeval.	Dominique.	1er juin 43		1			1		6 nov. 1850.			

II. Registre d'appel et de notes. — Ce double registre, prescrit par les articles 23 et 25 du Règlement des Écoles, sert à constater d'une part les absences des élèves, de l'autre les notes qu'ils ont méritées, tant pour la conduite et la propreté que pour les succès obtenus dans chacune des branches de l'enseignement, ainsi que les bons points qui ont pu leur être accordés conséquemment à ces notes.

Le registre dont il s'agit est d'une nécessité indispensable. En effet, il importe à l'Instituteur de se rendre compte, jour par jour, du degré d'exactitude des enfants, afin de rechercher la cause de leurs absences, de la faire cesser, s'il est possible, et d'en informer les parents. Il n'est pas moins important pour lui d'avoir constamment la juste mesure des progrès de ses élèves, soit pour établir les droits de chacun aux récompenses qui doivent leur être décernées, soit pour apprécier la valeur des procédés qu'il emploie, soit enfin pour communiquer aux autorités et aux familles les résultats qu'il obtient.

Le registre d'appel et de notes, dont nous allons donner le modèle, se renouvelle au commencement de chaque mois. Les élèves y sont inscrits par ordre de division et de force relative, ce qui oblige de laisser quelques lignes en blanc après chaque division, pour le cas où il se présenterait de nouveaux élèves pendant le mois.

La colonne qui est intitulée *assiduité* se divise en autant de petites colonnes qu'il y a de jours de classe dans le mois. Pour constater une absence du matin, on place dans la colonne du jour, en face du nom de l'élève absence de l'après-midi, on emploie un trait horizontal (—). Si l'élève s'est absenté le matin et le soir de la même journée, on constate cette absence par une petite croix (+). Enfin, lorqu'un élève noté comme absent arrivera après l'appel, on annulera le signe placé dans la colonne du jour par une des figures suivantes, selon le cas, [1]. A la fin du mois, le maître fait le total des absences et le porte dans la colonne à ce destinée. Les causes des absences, lorsqu'elles sont connues, sont indiquées par un mot dans la colonne des observations.

Quant aux notes, voici comment on doit procéder, pour qu'elles soient aussi exactes que possible. Tous les jours l'Instituteur consigne sur un calepin les faits un peu importants de la classe qui se rattachent au travail, à la conduite et à la propreté des élèves. A la fin de la semaine, il tire pour chaque objet, de ces notes journalières, une note hebdomadaire, qu'il exprime par un des chiffres 5, 4, 3, 2, 1, (lesquels signifient *très-bien, bien, assez bien, mal, très-mal*), et qu'il inscrit dans la colonne du tableau à laquelle elle se rapporte. Le 5 donne droit à deux bons points, le 4 à un. Le maître porte donc ensuite dans la première partie de la colonne des bons points un chiffre égal au nombre des 4, et double du nombre des 5 obtenus par chaque élève pour le travail; et dans la seconde, un chiffre exprimant, d'après le même système, le nombre

[1] Ces deux autres figures indiqueraient donc : la première, un élève qui, arrivé le matin après l'appel, s'est absenté le soir ; la deuxième, un élève arrivé le soir et le matin après l'appel.

des bons points de conduite. On ne tient pas compte des notes de propreté dans le calcul des bons points[1].

A la fin du mois, le maître fait, pour chaque objet d'enseignement, le total des chiffres de notes obtenus pendant le mois, porte ce total dans un espace libre réservé à droite des colonnes, puis inscrit la somme de tous les totaux partiels dans la colonne intitulée *total général*. Ces totaux lui font connaître, selon les divisions, le mérite relatif de chaque élève : les premiers, dans telle ou telle branche d'enseignement ; le dernier dans toutes les branches réunies.

Il inscrit également le total des bons points, soit de travail, soit de conduite, dans l'espace libre réservé à droite de chacune des divisions de la colonne des bons points; mais il a soin de diminuer ce total de tous les bons points qu'un élève aurait pu perdre pendant le mois, par suite de fautes commises.

Les bons points sont surtout destinés à entretenir l'émulation. Nous expliquerons, en parlant des récompenses, comment l'Instituteur peut en tirer parti, pour exciter l'ardeur et hâter les progrès des élèves.

1 Si l'on voulait faire une plus large part à la conduite, et en même temps mieux préciser le mérite des élèves sous ce rapport, on prendrait pour maximum de la note de conduite le chiffre 10, qui donnerait droit à 4 bons points; pour la note 9, on en donnerait 3, et ainsi de suite, en diminuant toujours d'une unité

MODÈLE DU REGISTRE D'APPEL ET DE NOTES.

<table>
<tr><th rowspan="3">Nos d'ordre.</th><th rowspan="3">NOMS</th><th colspan="22" rowspan="2">ASSIDUITÉ.</th><th rowspan="3">TOTAL des absences.</th><th rowspan="3">OBSERVATIONS.</th><th colspan="5" rowspan="2">Inst. Relig.</th><th colspan="5" rowspan="2">Lecture.</th><th colspan="5" rowspan="2">Écriture.</th><th colspan="5" rowspan="2">Calcul.</th><th colspan="5" rowspan="2">Français.</th><th colspan="5" rowspan="2">Histoire.</th><th colspan="5" rowspan="2">Géographie</th><th colspan="5" rowspan="2">Dessin.</th><th colspan="5" rowspan="2">Chant.</th><th rowspan="3">TOTAL GÉNÉRAL.</th><th colspan="5" rowspan="2">Conduite.</th><th colspan="5" rowspan="2">Propreté.</th><th colspan="10">BONS POINTS.</th><th rowspan="3">OBSERVATIONS.</th></tr>
<tr><th colspan="5">Travail.</th><th colspan="5">Conduite.</th></tr>
<tr><th>2</th><th>3</th><th>4</th><th>6</th><th>7</th><th>9</th><th>10</th><th>11</th><th>13</th><th>14</th><th>16</th><th>17</th><th>18</th><th>20</th><th>21</th><th>23</th><th>24</th><th>25</th><th>27</th><th>28</th><th>30</th><th>31</th><th>1re Semaine.</th><th>2e Semaine.</th><th>3e Semaine.</th><th>4e Semaine.</th><th>Total.</th><th>1re Semaine.</th><th>2e Semaine.</th><th>3e Semaine.</th><th>4e Semaine.</th><th>Total.</th><th>1re Semaine.</th><th>2e Semaine.</th><th>3e Semaine.</th><th>4e Semaine.</th><th>Total.</th><th>1re Semaine.</th><th>2e Semaine.</th><th>3e Semaine.</th><th>4e Semaine.</th><th>Total.</th><th>1re Semaine.</th><th>2e Semaine.</th><th>3e Semaine.</th><th>4e Semaine.</th><th>Total.</th><th>1re Semaine.</th><th>2e Semaine.</th><th>3e Semaine.</th><th>4e Semaine.</th><th>Total.</th><th>1re Semaine.</th><th>2e Semaine.</th><th>3e Semaine.</th><th>4e Semaine.</th><th>Total.</th><th>1re Semaine.</th><th>2e Semaine.</th><th>3e Semaine.</th><th>4e Semaine.</th><th>Total.</th><th>1re Semaine.</th><th>2e Semaine.</th><th>3e Semaine.</th><th>4e Semaine.</th><th>Total.</th><th>1re Semaine.</th><th>2e Semaine.</th><th>3e Semaine.</th><th>4e Semaine.</th><th>Total.</th><th>1re Semaine.</th><th>2e Semaine.</th><th>3e Semaine.</th><th>4e Semaine.</th><th>Total.</th><th>1re Semaine.</th><th>2e Semaine.</th><th>3e Semaine.</th><th>4e Semaine.</th><th>Total.</th><th>1re Semaine.</th><th>2e Semaine.</th><th>3e Semaine.</th><th>4e Semaine.</th><th>Total.</th></tr>
</table>

III. Registre des compositions. — Il doit y avoir dans toute école une composition chaque mois, sur les diverses branches de l'enseignement.

Les compositions sont en effet un puissant moyen d'émulation et par conséquent de discipline, non-seulement parce qu'elles fournissent à l'Instituteur la base sur laquelle il devra s'appuyer pour accorder des prix, mais encore à cause des places différentes qu'elles font occuper aux élèves. Il est donc important que le résultat en soit consigné avec soin sur un registre particulier. Tel est l'objet du registre des compositions, dont nous allons donner le modèle.

Le nom des élèves peut bien n'y être inscrit qu'une fois dans toute l'année : il s'agit de consacrer à chacun une page entière, ou du moins un nombre de lignes égal à celui des mois dont se compose l'année scolaire.

MODÈLE DU REGISTRE DES COMPOSITIONS.

MOIS.	NOMS des élèves.	Instruct. relig.	Lecture.	Ecriture.	Calcul.	Français.	Histoire.	Géographie.	Dessin.	Chant.	Total.	Force relative.	OBSERVATIONS.

ARTICLE IV.

Surveillants ou Répétiteurs.

Maintenir l'ordre dans la classe, et pour cela y tenir constamment occupés des élèves répartis en plusieurs divisions, ce point, nous l'avons déjà fait remarquer, doit être un des grands objets de la préoccupation du maître; mais c'est une tâche qu'il lui sera difficile d'accomplir parfaitement dans une école nombreuse, s'il n'a auprès de lui des aides avec lesquels il puisse la partager. De là la nécessité de choisir des surveillants ou répétiteurs, parmi les élèves les plus sages, les plus intelligents et les plus assidus. Les surveillants sont donc de petits sous-maîtres, chargés momentanément d'instruire et de surveiller leurs camarades. Ils doivent, à ce double titre, bien savoir ce qu'ils ont à enseigner, et servir, par leur conduite, de modèles au groupe ou à la division confiée à leurs soins. Pour exciter leur émulation, le maître ne manquera pas d'accorder des récompenses particulières à ceux qui auront justifié sa confiance.

Les surveillants seront ordinairement choisis parmi les élèves de la première division, plus capables que les autres, en raison de leur âge et du développement de leur intelligence, de diriger leurs jeunes condisciples.

Dans les écoles d'enseignement simultané, il convient d'avoir deux surveillants : un surveillant général, qui, assis à l'estrade, note ou avertit les élèves turbulents, accorde la permission de sortir, seconde le maître dans les mouvements généraux, le remplace même en cas d'absence momentanée; et un surveillant particulier, qui exerce, pendant que le maître est occupé ailleurs, les enfants de la quatrième division.

Les premiers de table, que l'on prend indifféremment dans la première et dans la seconde division, peuvent aussi être chargés de maintenir l'ordre parmi les élèves de la table à laquelle ils sont assis; mais leurs principales fonctions consistent : la première, à distribuer et à serrer les livres de l'école, les modèles d'écriture, les plumes, etc.; la seconde, à régler les cahiers des plus jeunes enfants et à y tracer, sur la couverture, les titres que nous indiquerons plus tard.

Si la classe comptait moins de quarante élèves, le surveillant général, sans cesser d'être utile, ne serait plus nécessaire.

Dans les écoles où l'on pratique la méthode mixte, il doit y avoir, indépendamment du surveillant général dont nous venons de parler, autant de surveillants particuliers qu'il y a de divisions ou de subdivisions.

Les fonctions de ces derniers surveillants consistent à faire étudier les élèves, chacun dans la division qui lui est assignée; à y faire réciter les leçons, préparer les exercices dont le maître va bientôt s'occuper, ou répéter ce qu'il vient d'expliquer; enfin à y maintenir l'ordre et la discipline. Ils sont munis d'un petit cahier, sur lequel ils notent les fautes d'application ou de conduite commises par leurs condisciples. Le maître apprécie ces notes et en use avec discrétion [1].

[1] Dans les écoles mutuelles, où chaque division est partagée en plusieurs groupes, les surveillants, appelés *moniteurs*, sont beaucoup plus nombreux et se subdivisent en moniteurs généraux, moniteurs particuliers et moniteurs adjoints.

Il ne faut pas croire que les fonctions de surveillant causent un grand préjudice aux enfants qui en sont chargés, car ceux-ci revoient et approfondissent les matières sur lesquelles ils font travailler leurs petits camarades. De plus, la vigilance et l'activité qui leur sont nécessaires pour remplir convenablement leur emploi les habituent à la réflexion, développent leur raison et mûrissent leur jugement. Ils acquièrent aussi, par l'exercice même de cette autorité dont ils sont revêtus, la science des convenances et des formes, et ils y puisent des idées d'ordre, de justice et de conduite, qui ne sont pas sans importance pour leur éducation morale. Ils gagnent donc d'un côté ce qu'à la rigueur ils pourraient perdre d'un autre. Toutefois, afin de les distraire le moins possible de leur travail particulier, le maître ne réclamera que deux fois la semaine au plus le concours des mêmes surveillants, partout où il rencontrera, en nombre suffisant, des élèves propres à cette fonction.

ARTICLE V.

Récompenses.

La distribution des récompenses, dans une école, est encore un excellent moyen d'ordre et de discipline.

Il s'est rencontré des moralistes d'une sévérité outrée, qui ont réprouvé l'émulation comme le plus dangereux des mobiles, qui l'ont proscrite de l'éducation des enfants, comme étant une source de présomption pour les uns, de haine et de jalousie pour les autres. Mais la plupart des bons esprits, tout en reconnaissant que l'émulation peut, ainsi que tant de choses utiles, avoir ses inconvénients, n'hésitent pas à en proclamer la nécessité. Ce serait en effet tomber dans une étrange illusion que d'espérer pouvoir toujours conduire les enfants par le pur amour du devoir, quand cette considération est souvent insuffisante pour les personnes capables de réflexion et de raisonnement. Il est d'ailleurs démontré par l'expérience que l'émulation est une des conditions essentielles de la prospérité de l'école ; or, elle n'est sérieuse et efficace qu'autant qu'elle est soutenue par les récompenses.

L'Instituteur devra donc employer ce précieux stimulant ; mais il le fera avec prudence et discrétion. Ainsi il aura soin de ne pas multiplier ses moyens d'encouragement ; il récompensera l'application soutenue et la conduite sans reproche, aussi bien que les succès marqués ; il prémunira en même temps les enfants contre l'orgueil, en leur faisant comprendre que les récompenses qu'on leur accorde ne leur sont pas dues, qu'elles ne sont qu'un moyen de venir en aide à leur faiblesse, que ce qu'ils ont fait pour les obtenir, ils ne pouvaient l'omettre sans se rendre coupables, et que peut-être ils l'auraient pu mieux faire.

Quant aux moyens d'encouragement qu'il convient d'employer, ce sont les suivants, presque tous recommandés par l'article 28 du Règlement des écoles :

I. Éloge du maître.—Les enfants sont naturellement sensibles à la louange. Autant ils redoutent les reproches du maître, autant ils sont heureux de recevoir de sa part des témoignages de satisfaction. Mais il faut ici beaucoup de réserve et de discernement. Trop réitérée, la louange ne produit plus sur l'élève aucun effet; donnée sans mesure, elle le rendrait orgueilleux et indocile.

II. BONS POINTS.—Les bons points remis aux élèves sont de petits carrés de carton léger ordinairement imprimés. Il y en a de deux sortes : 1° les bons points ordinaires, qui ne valent qu'une unité, et s'appliquent à un objet d'étude déterminé; 2° les bons points collectifs, qui équivalent à vingt des premiers, sans autre distinction que celle du travail et de la conduite. Voici le modèle des uns et des autres.

École communale de.....

DIRIGÉE PAR M.

Bon point d.........

École communale de........

DIRIGÉE PAR M.

Billet de 20 bons points (de travail ou de conduite).

La distribution des bons points a lieu tous les samedis, après que le maître a fait, pour chaque élève et sur chaque objet d'étude, le résumé des notes de la semaine. Celui qui a obtenu le plus de bons points de travail dans sa division reçoit la croix de mérite de cette division, qu'il porte pendant la semaine suivante. La croix de sagesse est décernée à l'élève de la classe qui a obtenu le plus de bons points de conduite.

A la fin du mois, le maître fait le total général des bons points, et accorde un billet de satisfaction à l'élève de chaque division qui a obtenu le plus de bons points de travail pendant le mois. Il en accorde également un à celui de la classe qui a obtenu le plus de bons points de conduite. Enfin il inscrit les noms de ces cinq élèves sur le tableau d'honneur, dont nous allons bientôt parler.

A la même époque, il remet un ou plusieurs bons points collectifs, en échange des bons points ordinaires, aux enfants qui en possèdent suffisamment de ces derniers; et à la fin de l'année, un prix de bons points sera la récompense de tout élève qui aura obtenu 15 bons points collectifs de travail dans la première division, 12 dans la seconde, 10 dans la troisième, et 8 dans la quatrième.

Le prix de bonne conduite sera décerné à l'enfant qui présentera le plus de bons points de cette espèce.

C'est ainsi que les bons points, honorables par eux-mêmes, puisqu'ils sont le gage de la bonne conduite et des progrès, conduisent à de nouvelles distinctions.

Ils procurent encore un autre avantage à ceux qui les obtiennent, en leur servant d'exemptions pour quelques-unes des punitions qu'ils viendraient à mériter. Les bons points sont, dans ce cas, une sorte de monnaie avec laquelle un élève, habituellement sage et studieux, acquitte la dette qu'a pu lui faire contracter un instant de négligence ou un acte de légèreté.

Précieuses pour les enfants, les exemptions ne sont pas moins utiles au maître lui-même. « Elles lui « épargnent le soupçon de partialité qui ne manque- « rait pas de s'élever contre lui, si, tenant compte « de l'application et de la bonne conduite précé- « dentes d'un élève, il ne sévit contre lui en aucune « manière pour une faute qu'il vient de punir dans « un autre enfant. Mais il ne faut jamais que les « bons points puissent soustraire à une juste punition « l'élève qui se serait rendu coupable d'une faute vrai- « ment grave. » (A. Rendu.)

III. Places de composition. — Nous avons déjà dit qu'une composition a lieu tous les mois sur les divers objets de l'enseignement, et que le résultat de chaque composition est consigné sur un registre particulier. A la fin du mois le maître fait, sur ce registre, le total des places obtenues par chacun des élèves; puis il établit leur force relative, en donnant le N° 1er à celui qui a le moins de points, le N° 2 à celui qui en a le moins parmi les autres, et ainsi de suite. C'est d'après cet ordre de force relative que les élèves devront se placer aux tables pendant le mois suivant; mais ils pourront se ranger aux cercles d'après le résultat particulier de chaque composition.

Ici, comme pour les bons points, il convient de récompenser la supériorité par un billet de satisfaction, accordé au premier élève de chaque division, et par l'inscription de son nom sur le tableau d'honneur.

IV. Croix. — L'usage des croix contribue puissamment à la bonne tenue et à la prospérité de l'école. Objet d'ambition pour ceux qui ne l'ont pas, cette distinction oblige l'enfant qui l'a une fois obtenue à redoubler d'efforts, pour ne pas en être dépouillé, et l'excite ainsi à se surpasser lui-même.

C'est le samedi soir, en présence de toute la classe, qu'a lieu la distribution des croix. Le maître, pour en rehausser encore le prix, ne manquera pas d'adresser à ceux qui les recevront quelques paroles de félicitation et d'encouragement, il veillera à ce qu'elles soient toujours portées en classe ; il pourra même inviter les élèves à s'en décorer le dimanche.

Dans une école ordinaire, composée de quatre divisions, il doit y avoir au moins cinq croix : une de mérite pour chaque division, et une croix de sagesse pour toute la classe. Ces croix seront d'un prix peu élevé, afin de ne pas occasionner une grande dépense aux parents des enfants qui viendraient à les perdre. Elles pourraient être remplacées par de petites médailles de bronze, et même à la rigueur par de simples rubans.

V. BILLETS DE SATISFACTION. — Les billets de satisfaction, dont nous allons aussi donner le modèle, ne s'accordent pas seulement aux élèves que le nombre des bons points obtenus ou le résultat des compositions a placés à la tête de leur division, mais encore à ceux qui, tout en se distinguant par leurs succès et leur bonne conduite, n'ont cependant pu conquérir le premier rang. Ils ont pour effet d'entretenir l'ardeur des uns et de prévenir le découragement des autres. Ils sont d'ailleurs un moyen d'intéresser les parents à la bonne conduite et à l'avancement de leurs enfants, et de les mettre à même de témoigner à ceux-ci leur contentement personnel en leur accordant quelques légères récompenses.

MODÈLE DU BILLET DE SATISFACTION.

École communale de.....

BILLET DE SATISFACTION.

ACCORDÉ A L'ÉLÈVE........

Pour sa bonne conduite (ou pour ses progrès, ou etc.).

Pendant le mois d.......

L'Instituteur de.....

(Signature de l'Instituteur.)

VI. Tableau d'honneur.—L'inscription, sur le tableau d'honneur, des noms des élèves qui se sont le plus distingués par leur bonne conduite, leur travail et leurs progrès, est une récompense qui ne peut manquer d'être appréciée. Elle attire sur celui qui l'a obtenue l'attention de ses condisciples; elle lui assure la bienveillance et l'estime du maître ; elle le recommande aux yeux des personnes qui viennent visiter l'école. Comme cette distinction sera d'autant plus honorable pour les élèves qu'ils en auront joui plus longtemps, il conviendra de porter sur le tableau, à côté de chaque nom inscrit, la date même de l'inscription.

VII. PRIX. — La récompense la plus honorable et la plus estimée, celle en même temps sans laquelle plusieurs autres auraient peu de valeur, c'est une distribution de prix à la fin de l'année. Si les ressources de la commune ne permettent pas d'allouer une somme spéciale pour cet objet, l'Instituteur ne doit pas hésiter un instant à assurer, même à ses frais, une solennité qui couronne son œuvre.

Mais afin de rendre ce moyen d'émulation aussi efficace que possible, on aura soin de tenir compte à chaque élève des efforts qu'il a faits pendant l'année, aussi bien que de ceux qu'il fera pendant le mois qui précède la distribution. Il suffit pour cela de combiner, de la manière suivante, le résultat des compositions faites pendant l'année avec celui des compositions spécialement faites pour les prix. Le premier dans chaque composition ordinaire a un seul point, le deuxième en a deux et ainsi de suite; mais dans les compositions pour les prix, le premier a trois points, le deuxième six et ainsi de suite. Le total des points pour chaque élève étant fait, celui qui en a le moins mérite le prix; le suivant mérite un accessit ou un second prix, selon le cas.

Lorsqu'on donne à Pâques un prix d'excellence, un prix de bonne conduite et des prix de bons points,

TABLEAU DES EXERCICES PROPRES A CHAQUE DIVISION.

OBJETS D'ENSEIGNEMENT.	QUATRIÈME DIVISION.	TROISIÈME DIVISION.	DEUXIÈME DIVISION.	PREMIÈRE DIVISION.
INSTRUCTION MORALE ET RELIGIEUSE.	Prières les plus essentielles en français. Premières notions du catéchisme.	Continuation des prières en français. Petit catéchisme.	Prières en français, en latin. Grand catéchisme (demandes et réponses). Commencement de l'histoire sainte.	Étude approfondie du grand catéchisme. Toute l'histoire sainte.
LECTURE.	Étude de l'alphabet. Lecture dans les tableaux ou dans les syllabaires.	Lecture courante dans les imprimés français.	Lecture dans les imprimés français, dans les manuscrits, dans le latin.	Continuation de la lecture dans les imprimés français, dans les manuscrits, dans le latin.
ÉCRITURE.	Éléments des lettres (lignes droites, lignes courbes). Lettres. Chiffres.	Cursive en moyen. Chiffres.	Cursive en moyen, en gros, en fin. Expédiée. Chiffres.	Continuation de l'écriture cursive en moyen, en gros, en fin. Expédiée, majuscules, chiffres. Écriture ronde, bâtarde, gothique.
CALCUL.	Calcul verbal (formation des nombres, addition, soustraction). Première étude du système métrique (connaissance de ses diverses unités).	Calcul verbal (multiplication, division). Calcul écrit (numération, addition, soustraction). Continuation de l'étude du syst. métr. (connaiss. de ses diverses unités, de leurs multip. et s.-multip.).	Calcul écrit (multiplication, division des nombres entiers et décimaux, problèmes). Étude plus approfondie du système métrique.	Fractions ordinaires. Solution, par la méthode de l'unité, des règles de trois, d'intérêt, de société, de mélange. Système métrique complet.
FRANÇAIS.	Petits exercices d'orthographe usuelle par le moyen de l'épellation.	Étude des principales espèces de mots. Conjugaison des verbes auxiliaires et des verbes réguliers.	Première partie de la grammaire. Conjugaison des verbes irréguliers. Orthographe usuelle par le moyen des dictées. Application des règles, analyse grammaticale.	Toute la grammaire. Exercices sur les règles de la syntaxe. Analyse grammaticale, logique
HISTOIRE.			Commencement de l'histoire de France.	Toute l'histoire de France.
GÉOGRAPHIE.			Notions préliminaires de la géographie. Principales notions de la géographie de l'Europe.	Géographie de la France. Géographie des cinq parties du monde.
DESSIN LINÉAIRE.			Tracé, à la main, de toute espèce de lignes, de quelques figures de géométrie.	Copie, à la main ou à l'aide d'instruments, de modèles d'objets utiles, de plans de construction, etc.
CHANT.			Étude des notes et des signes de la musique. Solfége.	Continuation du solfége. Chant de quelques morceaux.

bulletins de conduite envoyés aux familles, continueraient à se jouer des règles de la discipline.

Même alors l'Instituteur devra agir avec circonspection. D'abord il se souviendra que ce n'est pas à lui qu'il appartient d'infliger la peine de l'exclusion, et qu'il a seulement le droit de la provoquer auprès de l'autorité locale[1]. Ensuite il tâchera d'arriver à son but sans avoir à formuler une plainte toujours blessante pour les parents. Il avertira donc ceux-ci en temps utile, et les engagera à retirer eux-mêmes de l'école l'enfant qu'il ne peut plus y conserver; il leur exprimera le vif regret qu'il éprouve de se trouver dans la nécessité de les affliger ; il leur fera comprendre que l'acte de rigueur qu'il leur annonce lui est impérieusement dicté par sa conscience, et qu'il ne saurait plus longtemps user d'indulgence sans se rendre coupable.

CHAPITRE IV.

Classement des élèves.

Nous avons à exposer ici : 1° d'après quels principes il convient de classer les élèves; 2° quels moyens on doit employer pour bien opérer ce classement.

ARTICLE I.

Principes d'après lesquels il convient de classer les élèves.

Le statut du 25 avril 1834 ne mentionne que

[1] Art. 30 du Règlement des écoles.

trois divisions, dans les limites d'âge de 6 à 13 ans (art. 2 et 3). Il est désirable que le Règlement nouveau rendu nécessaire par la loi du 15 mars 1850, et qui sans doute ne tardera pas à être publié, vienne modifier cette disposition : la classification restreinte qu'elle semble recommander aurait, en effet, l'inconvénient de mettre souvent en présence des élèves de force trop inégale. Il conviendra donc, quelle que soit celle des deux méthodes que l'on aura adoptée, d'établir une 4e division. L'Instituteur serait même obligé d'en former une 5e, s'il recevait dans son école des enfants ayant moins de 6 ans, ce qu'il sera autorisé à faire partout où il n'y aura pas de salle d'asile. Mais il lui serait bien difficile, n'eût-il que 40 élèves, de s'occuper lui-même de cette 5e division ; il la confierait donc habituellement à un surveillant, qui lui apprendrait les prières les plus essentielles, lui donnerait les premières notions du catéchisme, lui ferait faire quelques petits exercices de lecture, d'orthographe et de calcul verbal.

Quant aux autres élèves, pour déterminer dans quelle division ils doivent être répartis, il faut sans doute tenir compte de leur âge, car il y aurait danger pour la discipline, et peut-être pour les mœurs, à rapprocher des enfants d'âge trop différent; mais c'est surtout à leur degré actuel et réel d'instruction qu'il convient d'avoir égard.

Le tableau suivant, qui présente, disposés avec gradation, les divers objets d'étude réservés à chaque division, fait voir quelle est à peu près la somme de connaissances que l'on peut exiger d'un élève, pour l'admettre dans telle ou telle catégorie.

ARTICLE II.

Moyens de bien opérer le classement des élèves.

I. EXAMENS INDIVIDUELS. — Au fur et à mesure qu'il se présente à l'école des élèves nouveaux, il est nécessaire que le maître constate avec soin leur degré d'instruction sur les diverses branches de l'enseignement. Cet examen, pour lequel il se conformera au tableau ci-dessus, lui permettra d'assigner à chacun la division à laquelle il doit appartenir.

Il est bien entendu que les parties accessoires ne concourront au classement des élèves que là où l'enseignement en aura été autorisé; et, dans ce cas même, on n'en devra tenir compte qu'en raison de leur importance.

Lorsqu'un élève déjà âgé sera retenu dans une division inférieure, il pourra arriver que des parents aveugles se plaignent d'une mesure dont ils se croiront humiliés. L'Instituteur s'empressera de leur donner toutes les explications possibles; mais il se gardera bien de leur faire une concession qui introduirait le désordre au sein de ses divisions, et dont l'enfant mal classé serait la première victime.

II. EXAMENS GÉNÉRAUX.—Indépendamment de l'examen d'entrée, il devra y avoir deux fois par an, à Pâques et avant les vacances, un examen général, ayant pour but de faire passer dans une division supérieure ceux des élèves qui auraient fait de grands progrès dans les divisions inférieures. Ces examens généraux ne sont pas moins nécessaires que l'examen d'entrée, car s'il est fâcheux pour un enfant de n'avoir plus à ses côtés de rivaux sérieux, rien n'est plus décourageant, pour les élèves d'une division, que la présence d'un condisciple qui les écrase de sa supériorité, et leur enlève toute chance de participer aux récompenses de la division. D'ailleurs les examens généraux, lorsqu'ils ont lieu en présence des autorités, comme le prescrit l'art. 8 du Règlement des écoles, sont un précieux moyen d'émulation.

Des examens plus rapprochés ne seraient peut-être pas sans utilité, soit pour la marche de la classe, dont ils permettraient de renouveler les divisions, soit pour l'émulation, qu'ils contribueraient à entretenir; mais ils auraient l'inconvénient de bouleverser le système de récompenses que nous avons adopté, et de frustrer les espérances des élèves admis à changer de division. Ajoutons que les familles se plaindraient souvent elles-mêmes d'un avancement qui aurait pour leurs enfants de telles conséquences.

Observation. — Dans tout ce que nous venons de dire sur le classement des élèves, nous avons eu en vue les divisions *absolues*, c'est-à-dire formées d'après la somme des connaissances de chaque enfant, de telle sorte qu'un élève classé dans une division quelconque y soit invariablement attaché, bien qu'il puisse être, pour quelques exercices, supérieur ou inférieur au programme de cette division. Mais si l'école était très-nombreuse, il y aurait peut être avantage à adopter le système des divisions *relatives*, c'est-à-dire à former un classement particulier pour chaque objet d'enseignement, d'où il résulterait qu'un élève, faible sur certaines parties et avancé sur d'autres, pourrait appartenir en même temps à deux divisions différentes.

Ce mode de classement, emprunté à la méthode mutuelle, offre l'avantage de ne mettre en présence que des élèves exactement de même force; mais il est beaucoup plus compliqué que le premier.

CHAPITRE V.

Méthodes d'enseignement.

L'enseignement est l'art de communiquer aux autres des connaissances qu'ils n'ont pas. Pour donner l'enseignement avec fruit, il ne suffit pas qu'un maître soit instruit : il faut encore qu'il sache faire profiter les élèves de son instruction; il faut qu'il trouve et mette en œuvre certains moyens naturellement propres à faciliter cette transmission de ses connaissances; en d'autres termes, il faut qu'il suive une bonne méthode.

On entend donc par méthode d'enseignement l'ensemble des moyens qu'emploie un maître, pour assurer et hâter les progrès de ses élèves.

On distingue deux sortes de méthodes, les méthodes générales et les méthodes particulières. Les premières président à l'organisation même de l'école et en règlent la marche générale; les secondes fixent les principes d'enseignement propres à chaque branche d'instruction.

Quant aux procédés, que quelques personnes confondent à tort avec les méthodes particulières, ce ne sont, pour la plupart, que des moyens extérieurs et mécaniques, servant à faire exécuter certaines opérations.

SECTION 1re.

Méthodes générales.

Les méthodes générales d'enseignement sont au nombre de quatre principales, ayant chacune leurs partisans et leurs adversaires. Ce sont : 1° la méthode individuelle; 2° la méthode simultanée; 3° la méthode mutuelle; 4° la méthode mixte ou simultanée-mutuelle.

ARTICLE I.

Méthode individuelle.

La méthode individuelle est celle d'après laquelle le maître instruit directement et séparément chaque élève, sur chacune des branches de l'enseignement. Cette méthode a d'abord été adoptée généralement dans les écoles, parce qu'on n'en connaissait pas d'autre, et peut-être aussi parce qu'on s'est préoccupé des avantages qu'elle procure dans l'éducation domestique. Là, en effet, mettant le maître en contact continuel avec les deux ou trois élèves qu'il est chargé d'instruire, elle lui permet de toujours approprier ses leçons aux dispositions et même au caractère de ces enfants, de suivre jour par jour le développement de leur intelligence, d'apprécier toutes les difficultés qui les arrêtent, de constater leurs efforts et de saisir leurs moindres progrès, enfin de donner à chacun les soins particuliers qui lui conviennent. Mais on a bientôt reconnu que ces avantages de la méthode individuelle, appliquée à l'éducation domestique, disparaissaient presque entièrement dans l'enseignement public, où le nombre illimité des enfants a pour effet nécessaire de rendre plus rares ou plus courtes les relations du maître avec chacun d'eux.

Transportée à l'école, la méthode individuelle n'a donc plus rien, même sous le rapport de ces relations précieuses dont nous venons de parler, qui puisse la faire préférer aux autres méthodes. Remarquons en outre qu'elle offre de graves inconvénients, qui lui sont particuliers.

Inconvénients de la méthode individuelle.

I. Défaut d'émulation. — Le premier de ces inconvénients, c'est le défaut d'émulation. Quelle émulation, en effet, peut-il y avoir entre des enfants qui ne sont jamais appelés à mesurer leurs forces? Comment le premier élève serait-il excité à conserver son rang, et le dernier à vaincre ses rivaux, puisque, sous le régime de la méthode individuelle, il n'y a ni rangs ni rivaux, et que chaque élève se trouve exactement dans la même situation que s'il était seul?

II. Brièveté des leçons. — Le deuxième inconvénient de cette méthode, c'est la brièveté des leçons. Supposons, par exemple, une école fréquentée par quarante élèves : la durée de la classe étant de trois heures, le maître le plus actif ne pourra accorder en moyenne, à chaque enfant, que quatre minutes et demie. On comprend qu'il est impossible d'exercer sérieusement un élève pendant un si court espace de temps. Cependant ce n'est pas à une seule leçon, mais à trois ou quatre leçons différentes que ces quatre minutes et demie seront consacrées; de sorte qu'il ne restera guère qu'une minute pour chaque leçon.

III. Perte de temps. — Un autre inconvénient de

la méthode individuelle, c'est de faire perdre aux enfants la plus grande partie de leur temps. Lorsqu'un élève a reçu sa leçon de 4 minutes 1/2, ou ses 4 leçons d'une minute 1/8e, on le renvoie à sa place, en lui recommandant d'étudier. Sans doute cette recommandation est de pure forme; car comment imaginer qu'un enfant abandonné à lui-même s'occupera, pendant près de trois heures, de choses qui l'ennuient; qu'il restera étranger au mouvement perpétuel et aux mille incidents d'une école organisée suivant la méthode individuelle; qu'il ne verra et n'entendra rien de tout ce qui se passe autour de lui? Concevoir une telle espérance, ce serait ne tenir aucun compte de la légèreté de son âge, ce serait attendre de l'enfance un effort de raison dont l'âge mûr serait à peine capable. Quant au petit nombre de ceux qui chercheront à s'occuper, ils n'avanceront guère plus rapidement que les autres, car, dans leur travail solitaire, ils rencontreront de nombreuses difficultés, ils commettront de grossières erreurs, sans que personne vienne lever les unes et corriger les autres. C'est surtout là ce qui explique comment il arrive que des enfants savent à peine lire et écrire, après avoir fréquenté cinq ou six ans l'école.

IV. Discipline impossible. — La méthode individuelle a encore pour effet de rendre la discipline impossible, ou du moins très-difficile. Nous avons vu, en traitant des moyens disciplinaires, que le grand secret pour maintenir dans une école l'ordre et le silence, c'est de prévenir l'ennui, et par conséquent l'inaction qui en est la source; c'est de soutenir l'attention des enfants par une suite non interrompue d'exercices utiles et variés. Or, nous venons de le dire, l'inaction est l'état habituel des enfants soumis au système de l'enseignement individuel. Ils cherchent donc, par tous les moyens possibles, à se soustraire à l'ennui dont ils sont dévorés.

De là cette agitation incessante, ce bourdonnement continuel, ces espiègleries auxquelles ils se livrent les uns à l'égard des autres, ces luttes même qui s'engagent quelquefois entre eux, sous les yeux du maître. De là aussi les effrayants moyens de discipline auxquels celui-ci est obligé d'avoirs recours. La férule, la baguette, la palette et le martinet sont tour à tour impitoyablement employés. Ce n'est qu'à l'aide de la terreur et des supplices qu'il parvient à comprimer de malheureux enfants qui, pour être sages, n'avaient besoin que de travail et d'un peu d'encouragement.

V. Fatigue du maitre. — Le dernier inconvénient de la méthode individuelle, c'est d'accabler de fatigue le maître qui l'emploie. Quoi de plus fastidieux que la nécessité où il se trouve de s'occuper successivement, pendant six grandes heures chaque jour, de quarante, soixante ou même quatre-vingts enfants, dont rien n'éveille l'intelligence, rien ne soutient l'attention ! Y a-t-il quelque chose de plus pénible que cet état d'irritation permanente auquel il est condamné par un désordre sans cesse combattu et sans cesse renaissant! Conçoit-on rien de plus triste qu'une vie entière passée au milieu d'une troupe de lutins qui babillent, s'agitent, crient, pleurent, se battent et font un éternel tapage! Il est douteux qu'une santé ordinaire puisse résister longtemps à une pareille situation. C'est aussi la conséquence qu'il est permis de tirer du passage suivant, dans lequel Walter Scott représente un magister de village, au moment où il vient de terminer sa classe. « Il y a, dit-il, un autre individu qui « prend aussi sa part de ce moment de relâche : c'est « le maître lui-même qui, étourdi par le bourdonne- « ment, suffoqué par l'atmosphère renfermée de la « classe, a passé tout le jour, seul contre une horde « ennemie, à corriger la pétulance, exciter l'indiffé- « rence, à combattre l'obstination et l'entêtement; le « maître, dont toutes les facultés intellectuelles se sont « confondues à entendre la même et ennuyeuse leçon « cent fois répétée, sans autre variation que celle du « ton de la voix de chaque enfant. Si à ces tourments « de l'intelligence vous ajoutez une délicate constitu- « tion physique, vous comprendrez avec quel bonheur « il doit saisir un moment pour reposer sa tête endo- « lorie, calmer ses nerfs agacés. »

Conclusion. — Nous croyons en avoir dit assez pour faire comprendre combien la méthode individuelle est vicieuse et insuffisante.

Ajoutons que cette méthode est proscrite par les règlements, et que l'on ne peut l'appliquer, dans les écoles communales, que lorsqu'il ne s'y présente, ce qui sans doute est bien rare, que quatre ou cinq élèves de force tout-à-fait différente.

ARTICLE II.

Méthode simultanée.

Lorsque l'expérience a eu fait connaître les nombreux inconvénients de la méthode individuelle, on a partagé les élèves, suivant leur force, en différentes classes ou divisions; on a donné à tous ceux d'une même classe des livres pareils; on leur a assigné la même tâche; on leur a fait suivre les mêmes exercices. Le maître s'est adressé successivement à toutes les divisions, non plus en instruisant chaque élève séparément, mais en donnant une leçon commune à tous les élèves de la même division; et il a eu soin d'imposer un devoir particulier à chacune des divisions, pour l'occuper pendant le temps qu'il devait consacrer aux autres. C'est cette méthode que l'on désigne sous le nom de *méthode simultanée.*

La méthode simultanée est donc celle suivant laquelle le maître, après avoir partagé les élèves en un certain nombre de divisions, instruit en même temps ou *simultanément* tous les élèves d'une même division. Étudions cette méthode, et voyons si elle présente des avantages qui doivent la faire préférer à la première.

Avantages de la méthode simultanée.

I. RAPPORTS DIRECTS DU MAITRE AVEC LES ÉLÈVES. — D'abord les rapports directs du maître avec les élèves, qui font le seul mérite de la méthode individuelle, sont conservés par la méthode simultanée, puisque, dans celle-ci comme dans l'autre, c'est le maître qui donne les leçons, écoute la récitation, corrige les devoirs et préside à tous les exercices. Mais de plus, ces relations directes, qui dans la méthode individuelle ne peuvent être que de quelques instants, acquièrent ici une durée qui les rend vraiment utiles. En effet, tous les élèves d'une même division recevant au même moment une leçon commune, chaque élève est en contact immédiat avec le maître autant de temps que la division tout entière; chacun profite des soins donnés à tous, comme s'il était seul à les recevoir. Si donc nous partageons en quatre divisions les quarante élèves que nous avons déjà supposés, chaque division et par conséquent chaque élève recevra, pendant une classe de trois heures, trois quarts d'heure de leçon, ou, ce qui revient au même, trois leçons d'un quart d'heure chacune.

II. ÉMULATION SOUTENUE. — En second lieu, la méthode simultanée permet de faire régner dans l'école une continuelle émulation. Distribués par divisions, les élèves d'une division inférieure ont en perspective la division supérieure, dans laquelle le travail seul pourra les faire entrer. Ensuite, tous ceux dont chaque division se compose sont fréquemment appelés à mesurer leurs forces sur les différents objets d'étude dont ils s'occupent; des places leur sont assignées d'après le résultat de ces compositions; des distinctions honorifiques, telles que croix, billets de satisfaction, inscription sur le tableau d'honneur, etc., sont en outre accordées à ceux qui ont obtenu le premier rang; enfin une distribution de prix vient compléter, à la fin de l'année scolaire, ce système d'encouragements [1].

[1] Il est même possible, au moins pour quelques exercices, tels que la lecture, la récitation des leçons, etc., de faire concourir les enfants tous les jours et à chaque classe. Pour cela, lorsqu'un élève interrogé commet une faute, l'élève suivant est chargé de la corriger. S'il y réussit, il prend la place de son camarade, qui descend à la sienne; et une bonne note est accordée à ceux qui, à la fin de l'exercice, se trouvent en possession des premières places.

On comprend combien ces divers moyens, inconnus dans la méthode individuelle, sont propres à soutenir l'ardeur des enfants ; on conçoit aisément que ceux-ci, brûlant du désir d'arriver à une division supérieure, d'occuper les premières places, d'obtenir les récompenses, s'efforcent de se surpasser les uns les autres.

III. Facilité de la discipline. — Un autre avantage de la méthode simultanée, c'est de favoriser singulièrement l'ordre et le silence. Le travail, nous l'avons déjà dit plusieurs fois, est un des plus puissants moyens de discipline; or la méthode simultanée, permettant au maître de consacrer le quart de la classe à chaque division, et par suite à chaque élève, met celui-ci dans la nécessité d'être attentif et appliqué au moins pendant ce temps. Mais le travail ne cesse pas dans les intervalles qui précèdent ou suivent les leçons, car l'émulation remplace alors l'action du maître, et fixe la légèreté des enfants en soutenant leur ardeur. D'ailleurs l'organisation même de la classe, l'ordre et la succession des exercices, la simplicité et la rapidité des opérations, la communauté et l'harmonie des travaux entretiennent dans l'école une discipline naturelle.

IV. Conservation de la santé du maitre. — Enfin la méthode simultanée ménage la santé du maître. En effet, quelque nombreuse que soit une école dirigée d'après ce mode d'enseignement, grâce aux divisions qui rangent ensemble tous les élèves de même force, le maître n'a plus à dire qu'une fois ce que, suivant la méthode individuelle, il était obligé de répéter 10, 15 et 20 fois peut-être. Il n'est plus une machine montée pour 3 heures, et fonctionnant, pendant ce temps, avec une monotonie non moins fatigante pour lui que pour les enfants qui l'entourent. Il donne à chaque division, sur chaque objet d'enseignement, une leçon unique, qu'il aborde avec toute son énergie. N'est-il pas d'ailleurs soutenu dans sa tâche par l'attention que lui prête un cercle d'élèves que l'émulation anime, par l'intelligence qu'il voit briller dans plusieurs de ceux qui composent ce petit auditoire, par les résultats journaliers qu'il obtient? Ajoutons que, pour la conduite générale de la classe, le mouvement des divisions et même certains exercices, tels que la lecture, la récitation des leçons, la correction des devoirs d'orthographe, le maître trouve dans l'usage du signal et de la sonnette un précieux moyen d'économiser ses paroles et de ménager sa poitrine.

Quant à cette cause de tourment qui accompagne toujours la méthode individuelle, savoir la pétulance des enfants inoccupés, nous ne prétendons pas dire qu'elle disparaisse entièrement dans l'enseignement simultané: cette méthode, abandonnant à elles-mêmes les divisions que le maître est obligé de quitter par intervalles, laisse aussi, il faut bien l'avouer, une place à l'oisiveté et à la dissipation ; mais il est certain que, dans une école bien organisée et avec un système d'encouragements bien appliqué, le maître n'aura pas beaucoup d'efforts à faire de ce côté, surtout si, parmi les premiers élèves de la classe, il s'en trouve seulement 3 ou 4 qui puissent le seconder, en remplissant à tour de rôle les fonctions de surveillant particulier dont nous avons parlé ci-dessus. (Voy. p. 93 et 95.)

Conclusion. — Tels sont les avantages qui assurent à la méthode que nous venons d'exposer une incontestable supériorité sur la première. Malgré l'imperfection qu'elle peut aussi présenter sous le rapport du travail et de la discipline, la méthode simultanée est celle qui paraît conduire aux meilleurs résultats. Quoi qu'il en soit, c'est la seule qui doive être employée dans une classe contenant moins de 40 élèves. Il y a peu de chances alors de trouver, en nombre suffisant, les surveillants dont on a besoin pour suivre la méthode mixte. C'est là ce qui devra souvent la faire employer au-dessus de 40, jusqu'à 50, et même jusqu'à 60.

ARTICLE III.

Méthode mutuelle.

Ainsi que nous venons de l'insinuer, en terminant l'article précédent, la méthode simultanée, si simple, si avantageuse pour les élèves comme pour le maître, n'est cependant applicable que sous certaines conditions de nombre.

Supposons en effet une école fréquentée par 150 élèves : ou le maître partagera cette multitude d'enfants en 4 ou 5 divisions seulement, pour donner plus de temps à chacune ; ou il multipliera les divisions, pour les rendre plus faciles à conduire.

Or, dans l'un et l'autre cas, les avantages de la méthode simultanée, telle que nous l'avons exposée, disparaîtront entièrement.

S'il n'établit que cinq divisions, il lui sera fort difficile, pour ne pas dire impossible, de diriger convenablement des groupes composés de 30 enfants ; il ne pourra, au milieu des leçons communes, observer suffisamment chaque élève, prévenir ou faire cesser les distractions, corriger toutes les fautes commises.

S'il multiplie les divisions, sans doute la conduite de chacune sera isolément plus facile ; mais la conduite générale en souffrira. De plus le maître, obligé de partager ses soins entre toutes ces divisions, n'aura plus que très-peu de temps à consacrer à chacune d'elles, et verra ainsi renaître les inconvénients de la méthode individuelle. C'est pour échapper à ces difficultés qu'on a imaginé une troisième méthode, appelée *méthode mutuelle*.

D'après cette méthode, les enfants sont ordinairement partagés en 8 classes, subdivisées chacune en 2 ou 3 groupes ; des élèves, plus instruits que les autres et désignés sous le nom de *moniteurs*, donnent eux-mêmes l'instruction aux différents groupes, à la place du maître, qui se borne à la surveillance générale ; enfin celui-ci, dans une leçon particulière, qu'il fait avant ou après la classe, instruit les moniteurs et les met en état de remplir les fonctions dont ils sont chargés.

§ 1.

Avantages de la méthode mutuelle.

Il est certain que la méthode mutuelle, *bien appliquée*, présente des avantages d'une importance réelle.

1. Facilité du classement des élèves. — D'abord, par ses divisions multipliées, elle offre le moyen de classer les élèves, non-seulement d'après l'ensemble de leurs connaissances, mais encore d'après leur degré d'instruction dans chaque branche d'enseignement, de telle sorte qu'un enfant qui, pour la lecture, appartiendra au 1er groupe d'une division quelconque, sera peut-être, pour le calcul, classé dans le

2e groupe de la division inférieure. Tous les élèves dont chaque groupe se compose se trouvant ainsi de même force, rien n'est plus facile que de procéder avec ordre et gradation dans l'enseignement qu'on leur donne; tous peuvent profiter également des leçons communes qu'ils reçoivent, sans que les forts soient retardés par les faibles ou que ceux-ci restent en arrière, puisqu'il n'y a, à proprement parler, ni faibles ni forts; enfin cette égalité de chances développe et entretient au sein de chaque groupe la plus vive émulation.

II. CONTINUITÉ DU TRAVAIL. — Le deuxième avantage de la méthode mutuelle, c'est de hâter, du moins au début, les progrès des élèves par la continuité du travail. Dans l'enseignement simultané, le maître, ayant à exercer successivement toutes les divisions, est obligé d'abandonner à elles-mêmes celles dont il ne peut plus s'occuper, et de les exposer ainsi au désœuvrement. Ici le gaspillage du temps n'est pas possible : chaque groupe a son moniteur qui l'exerce tantôt sur une chose, tantôt sur une autre, depuis le commencement de la classe jusqu'à la fin. Sans doute les moniteurs, quelle que soit leur aptitude, ne sont pas toujours en mesure de donner un enseignement raisonné; mais les éléments, dont ils sont chargés, demandent plutôt de la pratique que du raisonnement; ils peuvent donc, sous ce rapport, être à la hauteur de leurs fonctions. Il arrive même quelquefois qu'ils comprennent mieux que ne le ferait le maître lui-même les difficultés matérielles qui arrêtent leurs jeunes condisciples, et qu'ils sont plus féconds en expédients pour les aplanir.

Remarquons d'ailleurs que ce bon emploi du temps, dans la méthode mutuelle, est tout à fait indépendant du nombre des enfants, puisque, à mesure qu'il s'élève, il suffit de former un nouveau groupe et de choisir un nouveau moniteur.

III. Exacte discipline. — Le troisième avantage de cette méthode, toujours dans l'hypothèse qu'elle soit bien appliquée, c'est de faire régner au sein de l'école une exacte discipline. La continuité du travail contribue puissamment à ce résultat, en supprimant, avec l'inaction et l'ennui, les causes ordinaires des fautes des enfants; mais la continuité de la surveillance achève de l'assurer. Le maître, libre du côté de l'enseignement, que les moniteurs distribuent à sa place, est, quant aux moyens de discipline, dans les meilleures conditions possibles. Soit qu'il parcoure les groupes, pour en examiner de plus près le travail et la tenue; soit qu'il observe les moniteurs, pour apprécier leurs procédés et les réformer au besoin; soit qu'à l'estrade il dirige la marche générale des exercices, il a toujours les yeux ouverts sur la classe, il est toujours prêt à surprendre le désordre partout où il viendrait à se produire.

Au reste, ce qui pourrait échapper à son attention particulière, il le voit par ses moniteurs. En effet, ceux-ci ne sont pas seulement chargés de donner l'instruction aux élèves de leurs groupes respectifs; ils ont encore pour mission de les conduire, de maintenir parmi eux l'ordre et le silence, d'avertir ceux qui seraient tentés de violer la règle, de tenir note des infractions qu'ils ne pourraient empêcher, enfin de signaler les coupables au maître, qui ne manquera jamais de punir une faute bien constatée.

C'est ainsi que, par sa propre vigilance et par le concours de ses moniteurs, le maître se trouve dans tous les groupes à la fois, et y fait constamment sentir son action, au profit de l'enseignement comme de la discipline.

§ 2.

Inconvénients de la méthode mutuelle.

Tels sont les avantages de la méthode mutuelle, tel en est le beau côté; mais cette méthode a aussi ses inconvénients, dont quelques-uns, pour n'être qu'accidentels, n'en sont pas moins sérieux.

I. Insuffisance de la plupart des maitres. — D'abord, en raison de ses grandes difficultés d'application, elle n'est à la portée que d'un petit nombre de maîtres. Il faut en effet autre chose que du zèle à celui qui dirige son école d'après ce mode d'enseignement; il lui faut un ensemble de qualités qu'il est assez rare de trouver réunies : une instruction plus qu'ordinaire, pour former des moniteurs capables d'instruire à leur tour leurs condisciples; une vigilance continuelle, pour diriger ou contenir ces petits sous-maîtres; une prudence extrême, pour ne pas affaiblir l'autorité morale dont ils sont revêtus; un grand ascendant sur eux, pour les rappeler au devoir par un simple signe; une habileté peu commune, pour prévenir, dans des exercices nombreux et variés, toute confusion, toute incertitude; une activité que rien n'arrête, pour se multiplier en quelque sorte au milieu des groupes; une grande énergie de caractère, pour y rétablir l'ordre d'un seul mot; enfin un coup d'œil prompt et sûr, pour reconnaître à chaque instant l'état général de la classe. C'est pour avoir manqué de quelques-unes de ces qualités, qu'un grand nombre de maîtres ont complétement échoué en suivant dans leurs écoles la méthode mutuelle.

II. Insuffisance des moniteurs. — Le deuxième inconvénient de cette méthode, c'est la difficulté de se procurer de bons moniteurs. Quelque attention qu'un maître habile ait apportée à former des élèves pour ces importantes fonctions, qui, selon la manière dont elles sont remplies, assurent le succès de l'école ou en précipitent la ruine, il arrivera souvent, surtout dans les écoles peu nombreuses, que les moniteurs manqueront d'intelligence ou de régularité. Dans le premier cas, ils ne communiqueront que des notions imparfaites ou inexactes; ils s'exprimeront en termes défectueux , grossiers peut-être; ils iront jusqu'à démoraliser leurs jeunes condisciples par des manières gauches, brusques et rebutantes. Que sera-ce s'ils sont infidèles à leur mandat, s'ils s'entendent, pour se livrer au désordre , avec ceux qu'ils devraient en éloigner par leurs avertissements et leurs exemples! « Leurs fonctions mêmes les exposent à certaines tentations que n'ont pas leurs camarades. On « leur offre de petits cadeaux, pour se faire pardonner « quelques infractions à la règle. S'ils les acceptent, « indépendamment du tort moral qu'ils se font à eux-« mêmes, il en résulte de la partialité pour les uns, « de la tyrannie contre les autres; la dissimulation « et le mensonge viendront cacher au maître ces « injustices, et les fautes les plus graves se commet-« tront dans le cercle, sans être déclarées ni pu-

« nies. » (HORNER, *Manuel des Écoles normales primaires.*)

Il est évident qu'avec de pareils instruments, le maître se consumerait en vains efforts. Aussi cet inconvénient s'est-il opposé à l'adoption de la méthode mutuelle, dans des pays où l'instruction primaire est cependant soutenue et encouragée.

III. IMPOSSIBILITÉ DE DÉVELOPPER L'INTELLIGENCE DES ÉLÈVES. — Le troisième inconvénient de cette méthode (et celui-ci tient au fond même du système), c'est qu'elle ne peut rien pour le développement de l'intelligence. « Quelque bien formés qu'on « suppose les moniteurs, leurs attributions sont néces- « sairement limitées. Ils peuvent bien transmettre les « notions qu'ils ont reçues, développer les idées qu'on « leur a données, ajouter même peut-être quelques « simples explications; mais espérer qu'ils pourront « répondre à des objections, résoudre des difficultés « imprévues, c'est leur demander ce qu'on n'a pas le « droit d'exiger; disons plus : c'est leur demander ce « qu'il serait dangereux d'obtenir. Une fois lancés « dans cette carrière d'enseignement spontané, les « moniteurs, avec leurs faibles connaissances et l'in- « expérience de leur âge, entraîneraient les élèves « d'erreur en erreur; et le maître, ignorant à quelle « limite s'arrêteront ses suppléants, ne pourrait plus « répondre de ce qui est dit ou fait dans son école. Il « faut donc, bien loin de les encourager, interdire ex- « pressément ces développements hasardés. Mais que « conclure de là, sinon que le système est insuffisant, « dès que l'âge des écoliers ou la nature de l'instruc- « tion exige le raisonnement, et qu'il faut alors y

« renoncer, sous peine d'étouffer l'intelligence. » (Ambroise RENDU.)

IV. IMPOSSIBILITÉ DE DONNER AUX ENFANTS L'ÉDUCATION MORALE. — Un quatrième inconvénient de la méthode mutuelle, inévitable comme le précédent, c'est qu'elle rend l'éducation impossible. Nous venons de le voir, les moniteurs ne donnent et ne peuvent donner à leurs condisciples qu'une instruction machinale. Mais, fût-elle raisonnée, l'instruction ne serait encore qu'une faible partie de l'éducation. En effet élever les enfants, c'est surtout diriger leur raison naissante et en réprimer les premiers écarts; c'est former leur caractère et adoucir leurs mœurs ; c'est éveiller dans leur cœur les nobles instincts et y développer les sentiments honnêtes. Or, personne ne croira qu'une telle mission puisse être remplie par des enfants appelés *moniteurs*. L'homme mûr, avec toute sa réflexion, sa prudence, son expérience et ses lumières, est à peine à la hauteur d'une tâche si délicate. La méthode mutuelle sacrifie donc l'éducation, en supprimant les rapports directs du maître avec les élèves. « C'est dit, M. Horner, un système qui pèche par la « base, en ce qu'il ne peut rien pour l'éducation mo- « rale et religieuse des enfants; c'est là l'opinion des « hommes qui ont le plus médité sur l'enseignement, « et examiné avec le plus d'attention les effets de « chaque méthode. Quand on visite une de nos bonnes « écoles, on est sans doute frappé des connaissances et « de l'habileté de plusieurs élèves ; puis il est difficile « de résister à ce qu'il y a, dans une pareille école, « d'animé et pour ainsi dire de dramatique; mais il « n'en est pas moins vrai que l'éducation y manque, car

« il n'y a d'éducation possible que par la communica-
« tion directe du maître et de l'élève. »

Conclusion. — Malgré tous ces inconvénients, la méthode mutuelle est la seule qui doive être suivie au-dessus de 150 élèves, parce qu'il est presque impossible, pour un seul maître, d'en appliquer une autre dans une école aussi nombreuse.

ARTICLE IV.

Méthode mixte.

Exposé de cette méthode. — Limites dans lesquelles il convient de l'employer.

Dans l'étude que nous venons de faire de la méthode simultanée et de la méthode mutuelle, on a pu remarquer d'abord que ces deux méthodes ont des avantages et des inconvénients qui leur sont propres, ensuite que les avantages de la première obvient aux inconvénients de la seconde et réciproquement. Dès lors on a dû reconnaître la possibilité de former, en modifiant ces deux méthodes l'une par l'autre, un système d'enseignement qui réunît à peu près toutes les conditions désirables.

Ce nouveau système, pratiqué aujourd'hui dans un certain nombre d'écoles, est désigné sous le nom de *méthode mixte* ou *méthode simultanée-mutuelle*. Le double but qu'on se propose en l'employant, c'est d'assurer aux élèves l'avantage des leçons directes du maître, et de prévenir, par une surveillance et des exercices continuels, toute perte de temps, toute infraction à la discipline.

La méthode mixte est donc celle suivant laquelle le

maître, après avoir partagé ses élèves en un certain nombre de divisions, donne successivement la leçon à toutes ces divisions, mais en faisant étudier sous la conduite de surveillants, au lieu de les abandonner à elles-mêmes, celles dont il n'a encore pu ou dont il ne peut plus s'occuper.

Comme on le voit, cette méthode ne diffère de la méthode simultanée pure que par l'emprunt qu'elle fait à la méthode mutuelle de ses moniteurs, lesquels s'appellent ici *répétiteurs* ou *surveillants*. Déjà nous avons indiqué, en traitant des moyens disciplinaires (voyez p. 93 et 94), les qualités que doivent posséder les surveillants, les fonctions diverses qu'ils ont à remplir, les mesures à prendre pour obtenir de leur part un concours sérieux et actif, enfin la division où il convient de les choisir. Il ne nous reste donc qu'à déterminer les limites de nombre dans lesquelles la méthode mixte doit être préférée soit à la méthode simultanée, soit à la méthode mutuelle.

Ces limites, qui résultent de celles que nous avons assignées aux autres modes d'enseignement, sont 150 et 60. Toutefois nous pensons qu'au-dessous de 60, jusqu'à 50 et même jusqu'à 40, la méthode mixte pourrait encore être avantageusement employée dans les écoles où la première division compterait au moins quinze élèves raisonnables et avancés; mais ce cas se présente assez rarement, ainsi qu'on a pu le pressentir en étudiant les inconvénients de la méthode mutuelle.

SECTION 2.

Méthodes particulières.

Déjà nous avons vu ce que l'on doit entendre par méthodes particulières d'enseignement.

Différentes suivant les objets d'étude, les méthodes particulières varient encore suivant les maîtres eux-mêmes.

Cette diversité de moyens, qui résulte de la diversité des idées et des aptitudes, n'a rien qui doive étonner, et prouve seulement que des voies différentes peuvent souvent conduire à un même but. Il est d'ailleurs reconnu qu'un maître intelligent et actif emploie toujours de bonnes méthodes; et l'on sait aussi que le maître incapable ou négligent n'obtient jamais que de faibles résultats, quelles que soient les méthodes qu'il ait adoptées.

Est-ce à dire qu'il n'y ait aucune étude à faire des méthodes particulières d'enseignement? Telle n'est assurément pas notre pensée. En effet, le jeune aspirant qui ne serait pas en état de se créer à lui-même de bonnes méthodes est bien obligé d'étudier, afin de se les approprier, celles que l'expérience a justifiées. Quant à celui qui, doué d'un esprit observateur et industrieux, pourrait absolument compter sur ses propres ressources, ce serait encore de sa part une grande témérité que d'aborder la carrière de l'enseignement, sans avoir jamais songé à la manière d'enseigner. Il est certain qu'il marcherait pendant quelque temps à l'aventure, qu'il fatiguerait ses élèves par les tâtonnements auxquels il serait condamné, et que, du moins au début, il donnerait sans fruits un enseignement sans règles.

Mais où convient-il d'étudier les méthodes particulières et les procédés d'enseignement qui les accompagnent? C'est surtout dans les écoles-modèles, désignées sous le nom d'*écoles d'application*. C'est là que, par un examen attentif et par la pratique même de l'enseignement, on pénétrera le mécanisme ingénieux des moyens à l'aide desquels un maître habile obtient des succès toujours certains. L'exposé que l'on pourrait faire de tous ces moyens, dans un cours de Pédagogie, aurait, à cause des détails minutieux dans lesquels il faudrait entrer, l'inconvénient d'être en même temps fastidieux et peu intelligible. Toutefois nous croyons devoir, pour les principales branches de l'instruction, donner ici quelques conseils, et présenter diverses considérations d'une importance particulière. Nous diviserons donc cette seconde section en cinq articles, correspondant aux cinq parties obligatoires de l'enseignement primaire.

ARTICLE I.

Instruction morale et religieuse.

Quoique la mission d'enseigner aux enfants les dogmes saints et les règles de la morale évangélique appartienne spécialement au ministre de la religion, cependant l'Instituteur est tenu de prendre à cet enseignement une part sérieuse et active. Dépositaire de l'autorité paternelle, il est évident qu'il doit en user pour le plus grand bien des enfants qu'on lui confie. Or le grand, le véritable intérêt de l'enfant comme de l'homme mûr, n'est-ce pas de conserver ou d'acquérir toutes ces vertus qui sont la condition essentielle d'une vie pure et d'une existence heureuse? Mais pour pratiquer la vertu, il faut avant tout en connaître l'objet, la beauté, la nécessité. De là l'obligation, imposée à l'Instituteur même par les lois de l'État, de donner à ses élèves l'instruction morale et religieuse. Il devra, pour s'acquitter convenablement de ce devoir, observer les trois règles suivantes.

Principes à suivre dans l'enseignement de la religion.

I. Établir une distinction entre l'enseignement de la religion et les autres branches d'instruction. — On comprend qu'il n'en est pas de l'instruction religieuse comme des sciences profanes. Celles-ci en effet n'intéressent que l'esprit; celle-là s'adresse à l'esprit et au cœur. Nous ferons voir, dans la troisième partie de ce cours, comment on peut agir sur le cœur des enfants, pour tâcher de leur inspirer des sentiments religieux. Mais, dès à présent, nous croyons devoir recommander à l'Instituteur de s'attacher à bien convaincre ses élèves de l'importance de l'instruction religieuse, de parler toujours avec un saint respect des grands mystères du christianisme et de la morale évangélique, de présenter celle-ci bien moins comme une science destinée à orner l'esprit, que comme une loi d'amour, à l'observation de laquelle la paix de la vie présente et le bonheur futur sont essentiellement attachés.

II. Graver les vérités de la religion dans la mémoire des enfants. — La connaissance explicite des principaux dogmes de la religion est nécessaire à tout homme et à chaque instant de sa vie; il faut donc que les enfants les apprennent de manière à ne jamais les oublier. Comme c'est dans le catéchisme que se trouvent exposés le plus brièvement et le plus clairement les points essentiels de la doctrine catholique, l'Instituteur devra faire apprendre littéralement à ses élèves le catéchisme du diocèse, en complétant, autant que possible, cette étude par celle de l'histoire sainte.

Il donnera des soins particuliers à ceux qui se préparent à l'acte solennel et si important de la première communion. Il veillera à ce qu'ils sachent parfaitement les prières du matin et du soir, et tâchera de corriger ces fautes grossières que les enfants commettent souvent, lorsqu'ils prient en latin.

La veille des jours de catéchisme, il leur fera réciter exactement les leçons désignées par le curé de la paroisse, auquel le premier élève remettra une liste indiquant la note méritée par chacun de ses condisciples, et il ne manquera pas de retenir après la classe, pour apprendre leur leçon, ceux qui la sauraient mal.

Il s'assurera également, par la récitation qu'il en fera faire, que les leçons d'histoire sainte ont été bien apprises. Cette dernière étude sera surtout profitable, si l'Instituteur a soin de mettre entre les mains de ses élèves les ouvrages où l'on a su conserver le texte inimitable des Écritures [1].

III. En faire pénétrer le sens et la beauté. — L'Instituteur n'est pas un théologien et ne saurait en remplir l'office : il s'abstiendra donc, dans l'enseignement du catéchisme, de donner des dévelop-

[1] Tels que la petite Histoire sainte d'Edom.

pements tirés de son propre fonds; un zèle indiscret l'exposerait à commettre des erreurs qui, pour être involontaires, n'en seraient pas moins funestes. Mais il pourra, il devra même apporter toutes les explications propres à éclaircir le texte des leçons, il les répétera, sans manifester jamais ni fatigue ni ennui, et il s'assurera, par des questions multipliées, qu'elles sont enfin comprises.

Pour l'histoire sainte (et l'évangile du dimanche dans les écoles où on l'apprendra), il fera remarquer aux élèves les preuves visibles qui s'y trouvent de la divinité de notre religion; il fixera leur attention sur les sublimes préceptes de morale qu'ils renferment; il leur fera admirer les touchants exemples de vertu qu'ils nous présentent.

ARTICLE II.

Lecture.

Exposer et comparer les différents systèmes de lecture suivis dans les écoles, établir ensuite quelques principes propres à vivifier cette branche d'enseignement, tel est le but que nous nous proposons ici.

§ 1.

Exposé des principales méthodes de lecture.

Toutes les méthodes de lecture peuvent se réduire à trois principales, qui ont, comme les méthodes générales, leurs partisans et leurs adversaires. Ce sont : *l'ancienne épellation*, *la nouvelle épellation et la lecture sans épellation.*

I. ANCIENNE ÉPELLATION. — L'ancienne méthode

d'épellation consiste à faire nommer séparément chacun des éléments dont se composent les syllabes, qui sont elles-mêmes les éléments des mots; or, considérant les lettres comme les éléments des syllabes, elle fait prononcer séparément chaque lettre de chaque syllabe.

D'après cette méthode, on apprend d'abord les lettres dans l'ordre et sous les noms suivants :

a	**b**	**c**	**d**	**e**	**f**	**g**	**h**	**i**	**j**	**k**	**l**	**m**	**n**	**o**
a	bé	cé	dé	é	èfe	gé	ache	i	ji	câ	èle	ème	ène	o

p	**q**	**r**	**s**	**t**	**u**	**v**	**x**	**y**	**z.**
pé	qu	ère	èce	té	u	vé	icse	igrec	zède.

Quand on connaît toutes les lettres de cet alphabet, qui porte le nom d'alphabet usuel, on apprend à articuler les syllabes composées d'une voyelle et d'une consonne, comme **ba be bi bo bu**—**ab eb ib ob ub**, ou celles qui sont formées d'un nombre quelconque de lettres, comme **bra bre bri bro bru**. Pour cela, on prononce séparément chacune des lettres composantes, qu'on réunit ensuite dans une seule émission de voix; c'est ce qu'on appelle *épeler* et *syllaber*. On commence alors à assembler, c'est-à-dire à réunir, après les avoir énoncées isolément par le secours de l'épellation, les différentes syllabes d'un mot, pour obtenir la prononciation entière de ce mot. On arrive enfin à la lecture courante.

II. Nouvelle épellation. — La nouvelle épellation décompose, comme l'ancienne, les mots en syllabes et les syllabes en leurs éléments, mais avec les différences suivantes :

1° Les lettres n'y sont apprises ni dans le même

ordre ni avec les mêmes noms. Voici l'ordre suivi et les noms employés.

Voyelles ou sons simples monogrammes (d'une seule lettre) :

a	**e**	**é**	**è**	**i**	**y**	**o**	**u.**
a	eu	ai	aie	i	i	o	u.

Consonnes ou articulations simples monogrammes :

b	**p**	**d**	**t**	**v**	**f**	**g**	**c**	**q**	**k**	**x**	**z**	**s**	**j**	**l**
be	pe	de	te	ve	fe	gue	que	que[1]	que[2]	cse	ze	se	je	le

m	**n**	**r**	**h.**
me	ne	re	ache.

voyelles ou sons simples polygrammes (de plusieurs lettres)

au eu ou oi an in on un.

Consonnes ou articulations simples polygrammes :

ph	**ch**	**gn**	**ill.**
fi	che	gne	ieu.

Voyelles ou sons composés :

ia ié iè io ui ian ien ieu iôn oui.

Consonnes ou articulations composées :

bl br cl cr fl fr gl gr pl pr dr tr vr st str sc scr sp spl ps, qu'on prononce : ble bre cle cre, etc.

2° La syllabe, dans la nouvelle méthode d'épellation, n'est jamais composée de plus de deux éléments ;

[1] Il vaudrait mieux prononcer *qu*.

[2] Il vaudrait mieux prononcer *câ*.

elle est même considérée comme n'en contenant qu'un, s'il ne s'y trouve aucune articulation modifiant le son, comme dans **eau, eu, in, an.** Mais elle en compte deux, si le son y est modifié par une articulation, comme dans **beau, feu, lin, plan,** que l'on épèle ainsi : **b-eau-beau, f-eu-feu, l-in-lin, pl-an-plan.**

Dans cette méthode, dès que les voyelles et les consonnes simples monogrammes sont connues, on apprend, comme dans la méthode précédente, à articuler les syllabes composées d'une voyelle et d'une consonne; mais aussitôt après on lit des mots présentant ces syllabes. On passe ensuite à l'étude des voyelles et des consonnes simples polygrammes, qui sont aussi suivies de leurs exercices, puis à celle des voyelles et des consonnes composées, après quoi l'on aborde les difficultés de l'orthographe irrégulière, savoir : *les valeurs exceptionnelles*, (toison, faction, etc.); *les nouveaux signes* (œuvre, façade, etc.); *les signes équivalents* (chaîne, jaune, etc.); *les lettres nulles* (rhum, nid, etc.); et l'on arrive enfin à la lecture courante [1].

III. LECTURE SANS ÉPELLATION. Cette méthode, considérant les syllabes comme les éléments des mots, apprend à les prononcer sans distinguer les éléments qui les composent elles-mêmes.

Elle partage les mots en syllabes, d'après les deux principes suivants :

1° Lorsqu'il se trouve entre deux voyelles une consonne simple ou une consonne redoublée, cette con-

[1] Les tableaux de lecture de Peigné sont appropriés à la nouvelle méthode d'épellation.

sonne se joint à la voyelle qui suit : Ex. **la-pi-der, a-ccu-ser**.

2° S'il se rencontre entre deux voyelles deux ou plusieurs consonnes différentes, la première seule se joint à la voyelle qui suit : Ex. **con-stan-ce, in-stru-ment**.

De plus, elle donne aux lettres les mêmes noms que la nouvelle épellation, et classe comme elle les syllabes dans un ordre méthodique et raisonné. Il y a pourtant, sous ce rapport, quelques différences entre les deux méthodes. Ainsi la méthode de lecture sans épellation fait étudier successivement :

Les *voyelles ou sons simples monogrammes;*

id. *polygrammes;*

Les *consonnes ou articulations simples monogrammes;*

Les *syllabes formées d'une consonne et d'une voyelle simple monogramme, puis polygramme*, avec des exercices de mots où se retrouvent ces syllabes;

Les *sons équivalents et les articulations équivalentes*, c'est-à-dire les sons communs et les articulations communes à des signes différents, toujours avec des exercices.

C'est alors seulement que la méthode sans épellation présente *les articulations polygrammes simples ou composées*. Puis viennent de nouvelles difficultés, telles que *les lettres nulles* (pain, riz), *les articulations triples* (in*str*ument, *spl*endide), etc.; puis enfin la lecture courante [1].

[1] Les tableaux ou syllabaires d'Abria, et ceux de MM. Lamotte, Perrier, Meissas et Michelot ont été faits spécialement pour cette méthode.

§ 2.

Comparaison des trois méthodes.

Telles sont les principales méthodes de lecture suivies aujourd'hui dans les écoles. Quelle est celle qui mérite la préférence sur les autres? En présence des opinions diverses d'hommes également compétents, cette question est pour nous d'autant plus difficile à résoudre, qu'aucune des trois méthodes ne nous paraît ni absolument bonne ni absolument mauvaise.

Il paraît certain que la méthode de lecture sans épellation, en s'occupant uniquement des sons, conduit plus vite à la lecture courante que la nouvelle et surtout que l'ancienne méthode d'épellation. Mais, comme elle néglige complétement les éléments des syllabes, sur la connaissance desquels repose l'orthographe, elle a nécessairement pour effet de retarder cette branche d'instruction. Aussi, lorsqu'un élève a appris à lire d'après la méthode dont il s'agit, est-on obligé de le ramener, pour lui faire apprendre l'orthographe, à l'étude des syllabes décomposées en lettres, c'est-à-dire à l'épellation. La méthode de lecture sans épellation est donc, sous ce rapport, moins avantageuse que les deux autres.

Quant à la nouvelle méthode d'épellation, quoiqu'elle confonde souvent certaines lettres de l'alphabet, telles que **c, k, q,** elle a évidemment sur l'ancienne épellation les deux avantages suivants : d'abord de désigner les consonnes ou articulations sous des noms plus en rapport avec la manière dont celles-ci modifient les sons; ensuite d'accélérer la lecture des syllabes, en n'y distinguant que deux éléments, et par conséquent de conduire plus vite à la lecture courante. Elle l'emporte aussi sur la méthode sans épellation, en ce qu'elle est un peu plus favorable à la connaissance de l'orthographe; mais en même temps elle le cède à la première précisément pour l'enseignement de l'orthographe, et elle ne marche pas avec toute la rapidité de la seconde dans l'enseignement de la lecture.

On voit, par ce qui précède, que l'ancienne méthode d'épellation, plus avantageuse que les deux autres pour ce qui regarde l'orthographe, est moins expéditive quant au but propre des trois méthodes.

Chaque méthode a donc des qualités et des vices qui la rendent supérieure ou inférieure aux deux autres, suivant l'objet que l'on envisage. Toutefois, comme la méthode de lecture sans épellation est celle qui conduit le plus vite à la lecture courante, qu'il est d'ailleurs aisé de remédier, par des exercices d'orthographe verbale, à l'inconvénient réel qu'elle présente, nous inclinerions pour l'adoption de cette méthode. Mais, loin de songer à interdire les deux autres, nous laissons au jeune maître la faculté de faire lui-même son choix. Nous lui recommandons seulement de se conduire dans ce choix, comme dans l'essai qu'il pourrait faire des trois méthodes, d'après les règles de la prudence; de tenir quelque compte des usages qu'il trouvera établis; enfin de se mettre en garde contre l'amour du changement, si funeste aux écoles.

§ 3.

Principes à suivre dans l'enseignement de la lecture.

Le but que doit se proposer l'Instituteur, dans l'enseignement de la lecture, c'est d'apprendre à ses élèves, non-seulement à lire, mais à bien lire; or il ne l'atteindra, quelle que soit la méthode qu'il ait adoptée, qu'autant qu'il se conformera aux principes suivants :

I. Rendre chaque élève attentif pendant toute la durée de la leçon donnée a sa division. — On comprend qu'un enfant qui ne serait attentif que pendant les deux ou trois minutes qu'il lit à haute voix, aurait bien peu de chance de faire des progrès, et qu'au contraire, en suivant la lecture de ses condisciples, il profitera de la leçon tout entière comme s'il était seul à la recevoir. Sans doute cette attention, dont plusieurs fois déjà nous avons fait sentir l'importance, est nécessaire pour toutes les leçons; mais c'est surtout ici qu'il importe de l'assurer, puisque le défaut du succès dans la lecture paralyse le reste de l'enseignement. D'ailleurs, combien les distractions ne sont-elles pas à craindre dans un exercice peu attrayant par lui-même, et où la part de l'intelligence est si faible au début!

Pour prévenir ou combattre ces distractions, l'Instituteur exigera que tous les enfants articulent à voix basse ce que l'un d'eux lira à haute voix. Il passera, après chaque phrase lue, d'un élève à un autre, et fera ainsi revenir plusieurs fois, pendant la même leçon, le tour de rôle de chacun. Lorsqu'une faute sera commise, il désignera, pour la corriger, un élève ordinairement pris au hasard. Il inviterait à continuer la lecture celui chez lequel il croirait remarquer quelque inattention, et aurait soin de le noter, s'il le trouvait réellement en défaut.

II. Faire comprendre aux enfants ce qu'ils lisent. — Cette règle doit être appliquée à l'égard de tout élève qui est une fois arrivé à la lecture courante. L'habitude qu'on laisserait prendre de séparer le son des mots du sens qu'ils expriment, aurait pour la suite les plus fâcheuses conséquences. Rien au contraire ne contribue autant aux progrès des enfants, dans la lecture, que l'intelligence de ce qu'ils lisent. « Celui qui « s'accoutume à ne pas séparer le son des mots de « leur signification s'arme de deux ressources, au lieu « d'une seule, pour vaincre les difficultés qu'il ren- « contre : la première, c'est la connaissance des lettres « et des syllabes ; la seconde, la connaissance de ce « que veut dire la phrase, connaissance qui aide si bien « à trouver les mots eux-mêmes[1]. »

D'ailleurs, sans cette précaution, on ne parviendrait jamais à faire prendre aux élèves, dans la lecture à haute voix, le seul ton qui la rende agréable et intelligible, le ton de la conversation.

Pour habituer les enfants à comprendre leur lecture, le maître veillera à ce qu'ils observent exactement les règles de la ponctuation, et ne lisent pas d'un ton trop élevé. Il aura soin de leur expliquer les mots ou les phrases qui pourraient présenter quelques difficultés. Il leur fera quelquefois rendre compte du morceau qui aura été lu et pourra même leur en faire rapporter la substance par écrit.

III. Faire acquérir une bonne prononciation.—S'il est nécessaire, pour faire comprendre aux autres ce qu'on lit, de le comprendre d'abord soi-même, cela ne suffit pas : il faut encore une prononciation libre, pure, accentuée. Outre que l'oreille de celui qui écoute est bien plus agréablement frappée par des sons ainsi arti-

[1] Pillans, (*traduit de l'anglais*).

culés, la bonne prononciation contribue puissamment à faire pénétrer dans son esprit le sens des expressions, soit par la distinction qu'elle fait des syllabes longues et brèves, soit par l'orthographe des mots, qu'elle rend jusqu'à un certain point sensible.

Pour faire acquérir aux enfants cette bonne prononciation, l'Instituteur commencera par joindre aux préceptes la force de l'exemple, en lisant lui-même à haute voix une partie de la leçon. Il fera observer avec soin les règles de la prosodie, ne laissera jamais confondre les trois sorte d'**e**, corrigera les intonations fausses, ne sera pas moins attentif à indiquer les liaisons nécessaires qu'à faire éviter les liaisons vicieuses. Il devra aussi combattre certains défauts naturels ou acquis, tels que le *grasseyement*, qui ne laisse prononcer qu'à demi la lettre **r**; le *zezaiement*, qui fait prononcer comme **z** les articulations **c** doux, **s** dur, **j**, **g** doux et **ch** ; le *bégaiement*, qui empêche d'achever un mot commencé; la *balbutie*, qui empêche d'articuler exactement; enfin l'*accent*, qui est une manière vicieuse de prononcer particulière à une province, quelquefois à un canton.

Observations.—1° Il est convenable, en fixant la durée de la leçon de lecture, d'avoir égard et au degré d'instruction des élèves et au nombre des objets d'étude dont ils s'occupent. Cependant il nous paraît qu'un quart d'heure à chaque classe pour la première division, une demi-heure pour la deuxième, trois quarts d'heure pour la troisième et une heure pour la quatrième, sont les espaces de temps qu'il convient le plus ordinairement de réserver à cet exercice, du moins dans les écoles dirigées d'après la méthode simultanée. Il est bien entendu que chaque division ne recevra de la part du maître qu'un quart d'heure de leçon. C'est dans les tables ou aux cercles, suivant la nature de la méthode adoptée, que les trois dernières divisions s'occuperont de la lecture, pendant le reste du temps qu'elles auront à y consacrer.

Pour que cette disposition ne donne lieu à aucune confusion, il suffira de faire commencer la lecture au même moment dans toutes les divisions, et de la faire cesser, pour chacune, avec la leçon du maître. Les trois premières divisions emploieront le temps libre qui leur restera à des exercices fixés d'avance. (Voir les tableaux de la *Distribution du temps et du travail.*)

2° Conformément au règlement du 19 juillet 1833, les enfants doivent être exercés à la lecture du latin et à celle des manuscrits ou cahiers lithographiés. Pour se trouver dans un rapport convenable avec la lecture des imprimés français, ces exercices auront lieu tous les jours, mais alternativement, de manière qu'au bout de deux semaines les enfants aient lu cinq fois dans le latin et cinq fois dans les manuscrits.

ARTICLE III.

Écriture.

Trois choses réclament principalement ici notre attention ; ce sont : la méthode, les moyens d'application et les objets matériels.

§ 1.

Méthode d'écriture.

On a inventé, pour l'écriture comme pour la lecture, un certain nombre de méthodes d'enseignement. Il serait trop long et peu utile d'exposer les principes qui constituent chacune de ces méthodes ; nous nous bornerons donc à faire ressortir la différence qu'elles présentent sur un point qui nous paraît capital, savoir : les *premiers exercices*.

Considérées sous ce rapport seulement, toutes les méthodes d'écriture peuvent être rapportées à trois. La première prescrit pour les commençants les lignes et les lettres de grande dimension ; c'est l'ancienne méthode d'écriture, suivie à cet égard par *Carstairs* et autres. La seconde fait commencer l'écriture par le fin ; c'est la méthode de *Regnier*. La troisième prend pour point de départ le moyen ; c'est la méthode de *Taiclet*, *Bélèze*, etc.

Laquelle de ces trois méthodes procède de la manière la plus rationnelle? Nous ne pensons pas que ce soit la première. En effet, il est d'expérience que les enfants qui commencent à écrire ne réussissent à tracer d'un seul coup de plume que des lignes de petite dimension ; ils ne peuvent donc écrire en gros qu'en exécutant les lettres à deux ou trois reprises différentes. D'un autre côté obligés, pour former ces grands traits, de serrer fortement la plume, ils contractent l'habitude, si difficile à réformer, de la mal tenir. Et puis le temps considérable qu'ils passent à s'exercer sur l'écriture en gros, ne leur permet d'acquérir que fort tard la pratique de l'écriture expédiée, qui est la condition essentielle de leurs progrès dans les autres branches de l'enseignement.

Il semble, au premier abord, que la seconde méthode soit celle qui conduit le plus directement à ce but ; mais les essais qui en ont été faits ont généralement démontré le contraire. Les enfants qui sont exercés sur le fin, en commençant à écrire, saisissent mal la forme, l'inclinaison et les proportions des lettres qu'ils ont sous les yeux, et leur écriture n'est le plus souvent qu'une suite indéchiffrable de caractères à demi formés, qu'ils ne connaissent pas eux-mêmes.

La troisième méthode offrant le moyen d'éviter les deux écueils que nous venons de signaler, c'est elle qui nous paraît mériter la préférence.

L'utile principe qu'elle consacre, adopté par Taiclet, est un des points principaux de son système. Mais la *Citographie* se recommande à plusieurs autres titres. D'abord, l'écriture cursive en fait la base ; or cette espèce d'écriture, qui, dans les modèles de Taiclet, tient une sorte de milieu entre la bâtarde et l'anglaise, n'est pas moins facile à tracer qu'à lire, et paraît la plus propre à conduire promptement les élèves à une bonne expédiée. Ensuite, la manière intelligente dont la *Citographie* gradue les divers exercices contribue singulièrement à aplanir les difficultés. De plus, les instructions qu'elle place en tête des modèles rappellent constamment les règles de l'écriture, dont ceux-ci présentent l'application. Enfin, le grand tableau sur toile qu'elle emploie pour les démonstrations permet au maître de s'adresser à tous les élèves d'une même division à la fois, et même à la classe entière, puisque chaque enfant a sous les yeux les caractères qui font l'objet de la leçon.

Ajoutons que cette méthode, appuyée des plus honorables témoignages et approuvée par le Conseil de l'Université, est encore justifiée par les excellents résultats qu'elle a produits.

En présence de si précieux avantages et de telles garanties, nous n'hésitons pas à recommander au jeune maître la *Citographie* de Taiclet; mais nous ne prétendons nullement donner l'exclusion aux méthodes qui, comme celle de Verdet, prennent pour point de départ le gros de petite dimension.

§ 2.

Moyens d'appliquer cette méthode.

La méthode choisie, il reste au maître à l'appliquer. Pour cela, deux moyens principaux sont à sa disposition : la démonstration des principes et la correction de l'écriture.

I. Démonstration des principes. — Ce point est malheureusement trop négligé par un grand nombre de maîtres, qui s'imaginent être quittes envers les élèves, dès qu'ils ont mis des modèles sous leurs yeux. Cependant l'écriture, comme toutes les autres branches de l'enseignement, réclame ses démonstrations. Il est vrai que les modèles de Taiclet portent en tête quelques instructions; mais ces instructions ne sont souvent ni bien examinées ni bien comprises. D'ailleurs elles sont nécessairement incomplètes. L'Instituteur, en effet, n'a pas seulement à enseigner aux élèves les règles particulières de l'écriture, telles que la forme et l'inclinaison des lettres, la manière dont elles dérivent les unes des autres et celle dont elles doivent être exécutées, les intervalles qui doivent les séparer, la grosseur des *pleins*, la longueur des *boucles* et des *queues*, etc.; il a encore à leur faire connaître l'attitude générale du corps, la position de la tête, des bras et des jambes, la direction du cahier, la taille et surtout la tenue de la plume, etc. C'est pour avoir contracté des habitudes vicieuses sur quelques-uns de ces points, que tant d'enfants apprennent si difficilement à écrire, que tant d'autres écriront toujours mal.

L'Instituteur aura donc soin de rappeler de temps en temps, et d'expliquer encore s'il le faut, les principes généraux les plus importants. De plus il exposera, au commencement de chaque leçon, un ou deux principes nouveaux, qui devront être appliqués dans la leçon même. Il se servira, pour l'enseignement des règles de l'écriture, soit du grand tableau de Taiclet, soit du tableau noir. Quant à la position des diverses parties du corps en écrivant, c'est en la prenant souvent lui-même devant les élèves, qu'il réussira le mieux à la leur enseigner.

Observation.—Un excellent moyen de rendre les élèves attentifs à la démonstration des principes, et de leur faire apporter à leur écriture tout le soin possible, c'est l'usage des *compositions improvisées*. Voici en quoi il consiste. Chaque semaine l'Instituteur désigne ou fait déterminer par le sort, comme devant servir à la composition, une des pages faites dans la semaine. La date du jour, indiquée au haut de chaque page, prévient à cet égard toute fraude et toute erreur. Mais comme, d'après ce que nous avons dit ci-dessus, il ne doit y avoir qu'une composition par mois sur chaque branche d'instruction, les quatre compositions hebdomadaires se réuniront en une seule, et le résultat unique auquel elles donneront lieu en réduira l'effet à celui d'une composition mensuelle.

On pourra, si on l'aime mieux, employer concurremment les deux modes de composition ; dans ce cas, la composition spéciale devra avoir la même valeur que les quatre compositions hebdomadaires réunies.

II. Correction de l'écriture.—Dès que l'exercice est commencé, il est indispensable que le maître circule dans les tables ; qu'il examine comment les élèves sont assis, comment ils tiennent leur plume, comment ils opèrent ; qu'il leur fasse remarquer rapidement les défauts de forme, de liaison, etc., que présente leur écriture ; enfin qu'il exécute lui-même, sur leurs cahiers et sous leurs yeux, les lettres qui lui paraissent défectueuses.

Mais ce n'est pas tout : à la fin ou même dès le milieu de la leçon, il fera bien d'exposer, à l'aide du tableau noir, aux regards de tous les élèves, les imperfections qu'il aura rencontrées, en indiquant, avec la cause d'où elles proviennent, le moyen de les éviter.

Si l'école était très-nombreuse, le maître pourrait, pendant qu'il est occupé dans une division, charger un élève avancé de la correction de l'écriture dans une autre.

§ 3.

Objets matériels.

I. Cahiers. Les cahiers d'écriture se composeront de quatre feuilles de papier pliées en quatre, de manière à former seize feuillets rectangulaires. Ils seront cousus solidement aux extrémités, et renfermeront un morceau de papier brouillard, ayant à peu près la forme et la grandeur d'un feuillet.

La couverture, en papier de couleur, présentera sur cinq lignes différentes :

1° La désignation de l'école. (*Ecole communale de.....*);

2° Les mots *cahier d'écriture;*

3° La date du jour où le cahier sera commencé;

4° Le nom de l'élève;

5° Le numéro de la division.

Le maître ou un élève désigné par lui inscrira ces titres sur les cahiers des commençants.

Toutes les pages de chaque cahier porteront un numéro d'ordre. On empêchera par cette précaution qu'aucune feuille ne soit enlevée. Les élèves qui en seront capables écriront, en tête de chaque page, et sur deux lignes différentes :

1° La date du jour où la page sera faite;

2° Leur nom, le numéro de leur division et celui de la place qu'ils auront obtenue dans la dernière composition en écriture.

Le nombre des lignes qui devront être faites sera déterminé d'avance, pour toute espèce d'écriture. L'élève tracera dans la marge, à gauche de chaque ligne, les chiffres 1, 2, 3, 4, etc., qui serviront à constater qu'il s'est conformé à cet égard aux prescriptions du maître. La marge sera de 0^{m}03, et l'espace en blanc réservé au haut des pages de 0^{m}02 environ.

Les cahiers seront tenus avec le plus grand soin. Le maître veillera, non-seulement à ce qu'ils ne soient ni roulés ni tachés d'encre, mais encore à ce que les élèves n'y laissent, s'il est possible, aucune faute d'orthographe.

Enfin il est à désirer que les compositions mensuelles en écriture soient faites sur des cahiers spéciaux. Conservés par le maître, ces cahiers lui fourniront le moyen de constater les progrès des enfants, et de réduire à leur juste valeur les observations quelquefois peu fondées des familles. Ils pourront aussi être mis sous les yeux de MM. les Inspecteurs.

II. PLUMES.—On fait usage, dans les écoles, de deux sortes de plumes, des plumes d'oie et des plumes métalliques. Les premières sont propres à tous les genres d'écriture, présentent plus de moelleux dans l'exécution, et sont les seules avec lesquelles on puisse arriver à une grande perfection. Les autres ne peuvent guère servir que pour l'écriture cursive (moyenne ou fine) et l'expédiée. De plus, elles ont souvent l'inconvénient, par l'effort qu'elles exigent, de rendre la main lourde et de donner de la raideur à l'écriture. Elles ont en revanche, sur les plumes d'oie, l'avantage d'être toujours prêtes, de mettre plus de netteté dans les traits et plus d'uniformité dans l'exécution d'un certain nombre de pages. On pourra, par ces diverses raisons, en permettre l'usage aux élèves déjà exercés à écrire la fine posée ou l'expédiée; mais on devra les interdire aux commençants. C'est dans l'intervalle qui sépare les classes que le maître aura soin de tailler les plumes Une seule suffira pour les enfants de la troisième et de la quatrième division, mais les élèves des deux autres divisions devront en avoir chacun deux. Il serait à désirer que ceux de la première pussent eux-mêmes tailler leurs plumes.

III. TRANSPARENTS, RÈGLES ET CRAYONS. Comme les plumes métalliques, les transparents ménageraient le temps du maître, obligé de régler une partie des cahiers. Ils auraient en outre l'avantage d'indiquer, par le moyen des lignes obliques qu'on pourrait y tracer, la pente de l'écriture, la longueur des boucles, la largeur des lettres et la distance qui doit les séparer, etc. Cependant nous préférons pour les commençants le papier réglé, car l'expérience prouve qu'avec la règle l'écriture est plus nette et plus régulière.

IV. Modèles, Si le maître écrit convenablement, il devra faire lui-même les modèles d'écriture, sinon pour la classe entière, au moins pour la seconde et la troisième division. Outre que les modèles gravés présentent souvent trop de maigreur, il est certain que les élèves se sentent plus portés à imiter ce qui a été fait sous leurs yeux et à l'aide de moyens dont ils disposent. D'ailleurs, en donnant des modèles manuscrits, le maître s'épargnera une dépense qui, dans les écoles nombreuses, finirait par être considérable. Mais nous lui conseillons de se procurer, pour se guider lui-même dans ce travail, un exemplaire des cahiers de Taiclet.

On pourrait sans inconvénient faire copier des modèles gravés aux élèves de la première division. Quant à ceux de la quatrième, il suffira d'exposer à leurs yeux, ou le grand tableau de Taiclet, ou un tableau noir sur lequel on aura tracé à la craie quelques exercices.

Les élèves de chaque division, étant à peu près de force égale, copieront des modèles du même genre. Ils devront en changer tous les huit jours; mais le même modèle pourra servir à deux élèves à la fois. Les modèles d'écriture ne présenteront jamais un assemblage de mots vides de sens; ils contiendront en général, soit des maximes religieuses, soit des traits de morale ou d'histoire, soit des formules de baux, de quittances, etc. Ils devront être faits ou collés sur des feuilles doubles, afin de pouvoir être suspendus au fil de fer destiné à les recevoir.

V. Ardoises. Certaines personnes prétendent que l'usage des ardoises et du crayon de talc est indispensable pour les premiers exercices d'écriture. D'autres au contraire soutiennent que l'emploi de ce moyen nuit considérablement aux progrès des élèves. L'une et l'autre opinion nous paraissent également erronées : nous croyons qu'un maître intelligent peut obtenir de bons résultats en faisant écrire les commençants sur le papier ; mais nous sommes persuadé qu'avec le secours de l'ardoise il en obtiendrait de plus certains et de plus sensibles.

Sans doute l'ardoise sera nuisible aux enfants, s'ils commencent à écrire par le gros, et surtout par le gros de grande dimension, car obligés, pour tracer les *pleins*, d'appuyer fortement sur leurs crayons et de recommencer plusieurs fois une même lettre, ils ne pourront manquer de s'appesantir la main, ils apprendront à mal tenir leur plume, et contracteront la fâcheuse habitude de retoucher leur écriture.

Mais si l'on fait commencer par le *moyen*, et qu'on n'exige au début qu'un dessin, qu'une simple esquisse de la lettre, alors les exercices sur l'ardoise, loin de donner de la lourdeur à la main des enfants, auront pour effet de les conduire promptement à une exécution facile sur le papier. L'embarras que tout commençant éprouve à tenir sa plume n'a rien de sérieux pour celui que l'on a fait écrire sur l'ardoise. Connaissant la forme des lettres et sachant déjà les tracer, il n'a plus de ce côté les préoccupations qui arrêtent les autres enfants. Il ne peut donc tarder à acquérir cette bonne tenue de la plume, cette régularité et cette vivacité de mouvements auxquelles il apporte toute son attention. C'est pour n'avoir pas été ainsi préparés, que les premiers exercices sur le papier sont ordinairement si informes et se régularisent si difficilement.

Nous pourrions ajouter que l'usage de l'ardoise est d'une grande économie, et qu'il permet d'exercer les enfants sur l'écriture dès leur entrée à l'école, tandis que le système contraire impose aux familles une dépense qu'elles refusent souvent de faire, ce qui n'est pas moins regrettable pour l'instruction que fâcheux pour la discipline.

Il serait donc à désirer que, dans chaque école, il y eût au moins une douzaine d'ardoises, qui seraient mises de préférence à la disposition des enfants pauvres.

ARTICLE IV.

Calcul.

La grande affaire de l'Instituteur, dans l'enseignement du calcul, c'est d'obtenir des solutions exactes et rapides. Or, pour atteindre ce but, il est indispensable qu'il fasse commencer aux enfants, dès leur entrée à l'école, une étude qui n'est pas sans difficultés; de là la nécessité de pratiquer un mode de calcul qui soit à leur portée. Il y a, en effet, deux manières de calculer : l'une qui consiste à composer et à décomposer de mémoire des nombres peu élevés, c'est le *calcul verbal;* l'autre qui effectue, à l'aide de la plume, des opérations arithmétiques plus ou moins compliquées, c'est le *calcul écrit*. Comme chacune de ces deux manières de calculer a ses principes d'enseignement particuliers, nous diviserons le présent article en deux paragraphes.

§ 1.

Calcul verbal.

D'après quelle méthode et à l'aide de quels procédés enseignera-t-on le calcul verbal ? C'est ce que nous avons à examiner ici.

N° 1. — MÉTHODE DE CALCUL VERBAL.

La méthode qui nous paraît offrir le plus d'avantages pour l'enseignement du calcul verbal, c'est, dans une certaine mesure, cette méthode d'*intuition* que Pestalozzi a le premier employée, mais dont il s'est peut-être exagéré la valeur, quand il en a fait le principe fondamental et le moyen essentiel de tout son système d'instruction.

Le mot *intuition*, dans le langage pédagogique et dans la méthode de Pestalozzi, signifie tantôt la perception d'une idée, tantôt la vue d'un objet, selon qu'il s'agit de l'intuition de l'esprit ou de l'intuition physique. Mais, comme cette dernière intuition n'est qu'un moyen d'arriver à la première, la méthode d'intuition consiste à donner à l'élève des idées claires, exactes et précises, en lui faisant pour ainsi dire voir et toucher les éléments mêmes de ces idées, dans les objets matériels qu'elle lui met sous les yeux. Elle rejette donc les abstractions, substitue la chose à la définition, la réalité aux formules.

N° 2. — PROCÉDÉS D'ENSEIGNEMENT.

I. PROCÉDÉS D'ENSEIGNEMENT POUR LE CALCUL VERBAL PROPREMENT DIT. Afin de matérialiser en quelque sorte les nombres, conformément à la méthode qui vient d'être indiquée, on pourra se servir d'une collection quelconque d'objets; mais celle dont l'usage est le plus commode, c'est la collection de boules que présente le *boulier-compteur*. Cet instrument se compose d'un cadre rectangulaire en bois, auquel on donne cinq à six décimètres de côté, et dans lequel on tend dix fils de fer, portant chacun dix boules de deux à trois centimètres de diamètre. Voici comment on pourra s'en servir.

Il s'agit d'abord d'enseigner aux enfants les noms des nombres, ou, comme on dit, de leur apprendre à compter. Pour cela, après les avoir rangés en face du boulier, le maître, muni d'une baguette, pousse une boule de la première rangée, deux de la seconde, trois de la troisième, etc. Tant qu'il n'a pas dépassé le nombre dix, il prononce à chaque mouvement de boule, d'abord les noms des nombres inférieurs à celui qui indique combien de boules ont été déplacées, puis le nom de ce nombre lui-même ; et il exige que les enfants répètent tous les nombres à voix basse. Après cet exercice, il se borne à pousser les boules, et fait compter à haute voix les enfants, auxquels il s'adresse individuellement.

Passant à la seconde dizaine, il commence par pousser, d'un seul mouvement, les dix boules de la première rangée ; il en tient compte à chaque boule qu'il déplace dans la seconde, et arrive ainsi jusqu'à vingt.

Il s'efforce alors de faire apprendre aux enfants les noms des nombres qui terminent les autres dizaines, puis de leur rendre familière l'anomalie que présentent, dans leur dernier nombre, la septième et la neuvième dizaine, (soixante-dix, quatre-vingt-dix), et dans leurs neuf premiers nombres, la huitième et la dixième (soixante-onze, soixante-douze, etc. — quatre-vingt-onze, quatre-vingt-douze, etc.)

Dès qu'ils savent compter jusqu'à cent, et même avant qu'ils soient arrivés là, le maître les exerce sur les quatre règles, en leur faisant composer et décomposer les nombres, à peu près de la manière suivante, mais toujours à l'aide du boulier compteur, qui devra, par la disposition de ses boules, rendre sensible chacune des opérations :

ADDITIONS.	1 plus 1 = 2;	2 plus 1 = 3;	3 plus 1 = 4;	etc.
	1 plus 2 = 3;	3 plus 2 = 5;	5 plus 2 = 7;	etc.
	1 plus 3 = 4;	4 plus 3 = 7;	7 plus 3 = 10;	etc.
SOUSTRACT.	10 moins 1 = 9;	9 moins 1 = 8;	8 moins 1 = 7;	etc.
	12 moins 2 = 10;	10 moins 2 = 8;	8 moins 2 = 6;	etc.
	15 moins 3 = 12;	12 moins 3 = 9;	9 moins 3 = 6;	etc.
MULTIPLIC.	1 fois 1 = 1;	1 fois 2 = 2;	1 fois 3 = 3;	etc.
	2 fois 1 = 2;	2 fois 2 = 4;	2 fois 3 = 6;	etc.
	3 fois 1 = 3;	3 fois 2 = 6;	3 fois 3 = 9;	etc.
DIVISIONS.	la moitié de 2 = 1;	la moitié de 4 = 2;	la moitié de 6 = 3;	etc.
	le tiers de 3 = 1;	le tiers de 6 = 2;	le tiers de 9 = 3;	etc.
	le quart de 4 = 1;	le quart de 8 = 2;	le quart de 12 = 3;	etc.

Quand les enfants seront parvenus, à l'aide du boulier, à faire toutes les additions, soustractions, multiplications et divisions possibles sur les nombres de un à cent, on leur fera faire les mêmes exercices en leur présentant les nombres d'une manière abstraite, et bientôt on pourra leur donner quelques petits problèmes à résoudre. Mais alors une autre étude devient indispensable.

II. Procédés d'enseignement pour le système métrique.—Il n'est guère de problèmes pratiques, quelle qu'en soit la simplicité, qui n'aient rapport à quelqu'une des unités dont se compose le système métrique, qui par conséquent puissent être résolus avec intelligence, si l'on n'a déjà certaines notions sur cette matière. D'un autre côté, il est de la plus haute importance de familiariser de bonne heure même les plus jeunes enfants avec les noms des nouveaux poids et des nouvelles mesures. Si l'ancien système est encore suivi, malgré ses nombreux inconvénients et les prohibitions de la loi, c'est peut-être par ce qu'il a déjà fait prise de possession dans l'esprit des enfants, quand on commence à leur parler du nouveau. Il faut alors lutter, et souvent sans succès, contre une habitude qu'il suffisait de prévenir, pour la rendre impossible. On fera donc connaître, même aux enfants des deux dernières divisions, les diverses unités du système métrique, avec leurs multiples et leurs sous-multiples.

Cet enseignement présentera peu de difficultés, si l'école est pourvue d'une collection de poids et de mesures; mais si elle n'en possède pas, l'Instituteur devra remédier à cet inconvénient, en exposant dans la classe un grand tableau du système légal, et en se procurant les poids et les mesures les plus utiles. C'est ici surtout qu'il importe de parler aux sens, avant de recourir aux définitions; les enfants n'apprendront vite et ne connaîtront bien les diverses unités métriques, qu'autant qu'ils verront, toucheront, examineront les objets matériels qui les représentent.

Cela ne suffit pas encore : après avoir appris à connaître les nouveaux poids et les nouvelles mesures, il faut apprendre à en faire usage. Un maître habile et zélé trouvera mille moyens d'exercer ses élèves, en les amusant, à la pratique du système métrique. Ainsi il fera mesurer à chacun sa taille, après avoir tracé verticalement dans la cour des récréations une hauteur de deux mètres, divisée en décimètres et en centimètres. Il mesurera dans la route une longueur de cent mètres, que les enfants parcourront en comptant les pas. Il tracera dans la cour ou ailleurs un are, divisé en mètres carrés, qu'il leur fera aussi parcourir et compter. Il leur fera faire quelques pesées, en leur indiquant les qualités d'une bonne balance, et tâchera de trouver l'occasion de les peser eux-mêmes. Ces exercices et plusieurs autres du même genre intéresseront vivement les enfants, leur rendront la pratique du système métrique si familière que jamais ils n'en pourront perdre l'habitude, enfin les prépareront, soit à comprendre les définitions qu'on leur donnera plus tard, soit à résoudre les problèmes relatifs aux nouveaux poids et aux nouvelles mesures, qu'on ne manquera pas de leur proposer.

§ 2.

Calcul écrit.

Le calcul verbal, si utile aux commençants, dont il assure les progrès ultérieurs, ne l'est pas moins aux élèves plus avancés, à qui il fait acquérir l'habitude d'une exécution rapide. Cependant c'est surtout du calcul écrit que ceux-ci devront s'occuper. Nous allons donc exposer les principes qui doivent diriger le maître dans l'enseignement de ce nouveau mode de calcul, suivant les différents objets d'étude qui s'y rapportent.

Principes à suivre dans l'enseignement des diverses parties du calcul écrit.

I. NUMÉRATION. — Il est de la plus haute importance que les enfants sachent bien écrire et énoncer toute espèce de nombres. Sans cette connaissance, ils rencontreront à chaque pas des difficultés, calculeront toujours avec incertitude, et tomberont dans une infinité d'erreurs. L'Instituteur ne négligera donc rien pour donner sur ce point, à ses élèves, des notions exactes et précises.

Il commencera par leur exposer le principe de la numération écrite. Puis, à l'aide des nombres qu'il leur fera tracer ou qu'il tracera lui-même, il leur expliquera ce qu'on doit entendre par *unités, dizaines, centaines;* il leur montrera ces trois quantités dans chacune des unités ternaires, dont il leur fera connaître les noms ; enfin il leur donnera les deux règles à suivre pour écrire et pour énoncer un nombre entier. Il passera alors à la numération des nombres décimaux, qui se présentent dans le calcul aussi souvent que les premiers.

Il fera bien de donner aussitôt après à ses élèves une idée des fractions ordinaires, en leur apprenant à lire et à écrire les demis, les tiers, les quarts, les cinquièmes, etc. Ces premières notions trouveront leur application dans la division, et seront surtout précieuses pour les enfants qui ne doivent pas rester longtemps à l'école.

Peut-être serait-ce aussi là le moment d'apprendre à lire les chiffres romains, que l'on rencontre partout, notamment dans les livres de piété.

II. Opérations fondamentales. — En enseignant les quatre règles, l'Instituteur n'oubliera pas que le but unique de l'arithmétique, dans les écoles primaires, c'est la pratique des opérations. Il se gardera donc bien de présenter à ses élèves, sous le vain prétexte d'une rigoureuse exactitude, ces définitions savantes, ces raisonnements abstraits, qui ne feraient que les effrayer et les embarrasser; mais il exposera toute théorie facile à saisir, qui sera propre à éclairer la pratique et à la fixer dans l'esprit des enfants. Ainsi, pour chaque opération, il donnera une *définition*, afin de bien préciser ce dont il s'agit; mais cette définition sera toujours aussi courte et aussi claire que possible. Il en sera de même de la *règle*, indiquant la marche à suivre pour effectuer l'opération. Quant au *raisonnement*, il consistera dans une simple explication, servant à faire voir que la règle donnée conduit au résultat annoncé par la définition; encore cette explication devra-t-elle être omise dans la division. Enfin, chaque opération sera suivie de sa preuve; mais si le maître enseigne la preuve par 9 pour la multiplication et la division, ce que nous lui conseillons de faire, il s'abstiendra de toute démonstration.

Si l'enseignement du calcul, comme tout autre enseignement, doit être essentiellement pratique dans les écoles, ce n'est pas seulement à cause des limites nécessairement restreintes dans lesquelles il est contenu : c'est aussi parce que les applications intéressent davantage les enfants et fixent mieux leur attention, tandis que rien ne les rebute et ne les fatigue comme des exercices dont ils n'aperçoivent pas l'utilité. Un excellent moyen de rendre pratique l'enseignement du calcul, c'est de présenter le plus souvent les opérations sous forme de problèmes relatifs à des questions usuelles.

OBSERVATION. Pour la soustraction, on préférera à l'ancienne méthode des *emprunts* la méthode dite *de compensation,* laquelle, outre qu'elle est plus simple et peut-être plus facile à comprendre, offre l'avantage de préparer les enfants à faire la soustraction comme ils devront la faire dans la division.

III. FRACTIONS ORDINAIRES. — Nous plaçons immédiatement après les quatre règles l'étude des fractions ordinaires, car la connaissance de cette partie de l'arithmétique est presque indispensable pour la solution, par la méthode de l'unité, des problèmes relatifs aux règles de trois, d'intérêt, etc.

L'Instituteur se conformera, dans l'enseignement des fractions ordinaires, aux principes que nous avons établis pour les quatre règles. Il exercera les élèves sur la réduction de ces fractions en fractions décimales; mais il négligera les fractions périodiques, et à plus forte raison les fractions irréductibles.

IV. PROBLÈMES.— Pour faire acquérir à ses élèves la connaissance pratique du calcul, l'Instituteur a dû leur donner, sur chacune des opérations qu'il leur a enseignées, de nombreux problèmes à résoudre. Mais c'est surtout après l'étude des fractions qu'il multipliera les applications. Il sera alors en mesure de poser des questions plus intéressantes et plus difficiles. Il pourra même, en employant, ainsi que nous l'avons dit, la méthode de l'unité, faire résoudre ces problèmes compliqués sur les règles de trois, d'intérêt, de société, de mélange, etc., qui nécessitaient autrefois la connaissance des proportions. Mais il exigera que, dans tous ces exercices, le raisonnement accompagne l'opération. Ce serait s'abuser et faire perdre le temps aux élèves que de se contenter de solutions obtenues par une sorte d'instinct; car, en pareil cas, l'instinct conduit aussi souvent à un résultat vicieux qu'à un bon. Lors donc que le maître exercera les enfants au tableau, pour les préparer à résoudre un problème qu'il se propose de leur dicter, il les fera raisonner de vive voix; et il exigera qu'ils exposent le raisonnement par écrit, lorsqu'ils calculeront individuellement aux tables. Dans ce dernier cas, après avoir examiné le travail, il fera faire l'opération au tableau par l'un des élèves, et pendant ce temps tous les autres, suivant sur leurs cahiers, corrigeront les fautes qu'ils auront pu commettre[1].

V. Système métrique. — Les divisions qui s'occupent du calcul écrit doivent également faire des exercices écrits de système métrique. Ces opérations ne sont guère que des applications du système décimal, puisque le nouveau système des poids et mesures a été constitué d'après le mode décimal, et s'appelle aussi, pour cette raison, *système décimal.* Toutefois, la numération métrique sera l'objet d'une étude particulière, à cause de l'anomalie apparente que présentent le mètre cube, dans ses sous-multiples, et le mètre carré, dans ses multiples et ses sous-multiples. L'Instituteur s'attachera donc à prémunir les enfants contre une erreur

[1] Pour le choix des problèmes, l'Instituteur trouvera d'utiles secours, soit dans le recueil des problèmes de Saigey et les solutions de ces problèmes par Sonnet, soit dans les petits traités de Dumouchel intitulés : *Problèmes et exercices de calcul — Solutions raisonnées des problèmes et exercices.*

qu'ils commettent presque toujours, et qui consiste à considérer, par exemple, l'hectomètre carré, comme une surface de 100 mètres carrés, à écrire un décimètre carré comme un dixième de mètre carré, un centimètre cube comme un centième de mètre cube, etc.

De plus, il leur donnera la définition de chacune des unités métriques; il leur expliquera comment le mètre est le principe des autres unités et la base de tout le système; il leur fera voir le rapport que l'on peut établir entre l'unité de poids et l'unité de capacité, et leur fera comparer le gramme avec le poids d'un décilitre, d'un centilitre d'eau; etc., etc.

Enfin, par des questions multipliées, par des problèmes variés et bien choisis, il parviendra à leur faire acquérir une connaissance approfondie du système métrique[1].

ARTICLE V.

Français.

Dans un grand nombre d'écoles, l'enseignement du français ne peut guère s'étendre au-delà de l'orthographe; mais dans toutes, l'orthographe doit être enseignée de bonne heure et avec le plus grand soin. Or on distingue deux espèces d'orthographe : 1° l'*orthographe usuelle*, qui consiste à écrire, d'après les règles fixées par l'usage, les mots invariables et le radical des mots variables; 2° l'*orthographe grammaticale*, qui est l'art d'écrire la terminaison des mots variables conformément aux règles de la grammaire.

[1] Il conviendra, pour ces problèmes, de recourir aux exercices contenus dans les ouvrages que nous avons déjà indiqués.

Comment convient-il d'enseigner ces deux espèces d'orthographe? C'est ce que nous allons exposer dans les deux paragraphes suivants.

§ 1.

Moyens d'enseigner l'orthographe usuelle.

Quoique l'enseignement de l'orthographe usuelle convienne spécialement aux commençants, qui, pour cette étude, n'ont besoin que de mémoire, qui d'ailleurs ne sauraient appliquer des règles de grammaire qu'ils ne connaissent pas, cependant il regarde également les premières divisions, car il n'est pas plus permis de violer les lois de l'usage que les lois de la grammaire, lesquelles en définitive ne sont, comme les premières, que des règles de convention. Les deux moyens principaux que l'on emploie pour l'enseignement de l'orthographe d'usage sont l'*épellation* ou *orthographe verbale*, et la *dictée* suivie de la correction.

I. Épellation. Rien n'est plus simple ni plus facile que l'emploi de ce moyen : il s'agit de faire épeler à haute voix, aux commençants, les syllabes ou les mots que renferment les tableaux qu'ils viennent d'étudier; aux élèves plus avancés, un passage du chapitre qui a fait l'objet de leur leçon de lecture. Toutefois, pour les uns comme pour les autres, il convient de préparer chaque jour des séries de mots, propres à leur faire apprendre les noms véritables des mille objets qui les entourent et la manière de les écrire correctement.

De telles séries se trouvent toutes préparées dans des recueils imprimés ; mais ces recueils n'offrent pas tous le même degré d'utilité. Les uns présentent les mots par ordre alphabétique ; ils sont rangés, dans les autres, par ordre de matières, c'est-à-dire que ceux qui se rattachent à une même classe d'idées appartiennent aussi à un même chapitre. Ce dernier système, suivi par Pautex, nous paraît de tout point préférable au premier. Celui-ci, en effet, a l'inconvénient de fournir aux enfants le moyen d'épeler un mot, sans qu'ils en connaissent autrement l'orthographe que par le souvenir du mot précédent. Or, cet inconvénient disparaît dans les recueils par ordre de matières, lesquels ont encore l'avantage de donner aux élèves une idée générale de la signification des mots. On mettra donc utilement entre leurs mains les deux recueils de Pautex, appropriés, l'un aux commençants, l'autre aux deux premières divisions.

Voici la marche à suivre pour s'en servir avec fruit. Lorsque les enfants ont étudié pendant un temps suffisant la série de mots qui doit faire l'objet de l'exercice, le maître fait épeler de mémoire chacun de ces mots, en ayant soin d'expliquer ceux qui paraissent présenter quelque difficulté; il corrige, au besoin, les termes impropres et les barbarismes, si communs dans les campagnes; il appelle l'attention sur les homonymes qu'un mot de la série fournit l'occasion d'indiquer, ou exerce les élèves à les trouver eux-mêmes.

II. Dictée. Dès que les enfants seront assez avancés pour écrire sous la dictée, cet exercice sera employé concurremment avec le premier, car il fournit un nouveau et précieux moyen de graver dans l'esprit l'orthographe des mots. Mais les sujets de dictées ne doivent pas être pris au hasard : il faut, du moins au début, que les phrases en soient courtes et faciles à comprendre ; il faut aussi que les difficultés grammaticales y soient ménagées de manière qu'elles ne dépassent pas le degré d'instruction des enfants. Le maître devra donc, à défaut de cours de dictées, chercher dans les bons auteurs des sujets convenables, et il fera en sorte que les morceaux choisis renferment un trait d'histoire, une pensée morale ou quelques notions utiles. C'est assez dire qu'au lieu de se composer de phrases détachées, les exercices d'orthographe formeront le plus souvent un tout, propre à intéresser l'esprit et à nourrir le cœur.

Lorsque la dictée sera faite et relue, on accordera quelques minutes aux enfants pour la revoir, après quoi on devra la corriger. Le mode de correction qui paraît offrir le plus d'avantages consiste à faire épeler un mot à chaque élève, après l'échange des cahiers. Les fautes d'orthographe révélées par l'épellation seront soulignées, corrigées en interligne et notées en marge, suivant un tarif convenu. Ces fautes donneront souvent lieu à des explications, qui seront, autant que possible, apportées par les élèves eux-mêmes.

L'épellation terminée, chaque correcteur inscrira le total des fautes, avec son nom, au bas de la dictée qu'il aura corrigée [1]. Le maître s'assurera de l'exactitude de la correction, en visitant soigneusement les cahiers; il fera ensuite reporter la dictée sur un cahier particulier.

[1] L'élève à qui appartient le cahier aura dû écrire le sien au haut de la page, et la date du jour en tête de l'exercice.

§ 2.

Moyens d'enseigner l'orthographe grammaticale.

Si la pratique seule conduit à la connaissance de l'orthographe usuelle, il ne saurait en être de même pour l'orthographe grammaticale, puisque les désinences des mots, qui font l'objet de cette orthographe, sont soumises à des variations, souvent embarrassantes, de genre, de nombre, de personne, de mode, de temps. Toutes ces variations étant définies par la grammaire, il s'ensuit que, pour écrire correctement, il faut en avoir étudié les règles, s'être exercé à observer celles-ci, enfin savoir reconnaître, dans la phrase, la nature et la fonction de chacun des éléments dont elle se compose; il s'ensuit, en d'autres termes, qu'il y a trois moyens d'apprendre l'orthographe grammaticale, savoir : l'étude de la grammaire, l'application des règles et l'analyse.

I. Étude de la grammaire. Ainsi que nous l'avons indiqué dans le tableau des exercices, les élèves des deux premières divisions apprennent seuls des leçons de grammaire. Cependant les deux dernières divisions ne doivent pas rester étrangères à cette étude. On leur fera donc apprendre les définitions des dix parties du discours, qu'on leur donnera aussi simples que possible; on tâchera de leur faire distinguer les diverses espèces de mots; on les exercera à conjuguer les verbes auxiliaires, et même les verbes réguliers des quatre conjugaisons.

Quant à ceux qui ont la grammaire entre les mains, le maître ne leur donnera jamais une leçon à apprendre qu'il ne l'ait auparavant expliquée. Il tâchera d'obtenir que cette leçon soit apprise dans la famille. Lorsque, le lendemain, la récitation en aura été faite, il s'assurera, par un grand nombre de questions, qu'elle est bien comprise ; puis il exercera les élèves à trouver des phrases ou des mots présentant l'application des règles qui en font l'objet.

Comme la conjugaison des verbes est une des parties les plus importantes de la grammaire, il devra l'enseigner avec un soin tout particulier. Commençant par les verbes réguliers, il exercera les enfants à les conjuguer, tantôt de vive voix, tantôt par écrit ; il leur fera bien distinguer le radical de la terminaison; il s'attachera surtout à leur expliquer, et il exigera qu'ils sachent imperturbablement, les règles de la formation des temps. — Ainsi préparés, les enfants seront en état d'étudier avec fruit les verbes irréguliers. Afin de mieux leur faire apprécier les irrégularités que présente cette sorte de mots, le maître établira, sous leurs yeux, une comparaison entre les formes que tel verbe aurait, s'il était régulier, et celles que l'usage lui a données. Il leur fera remarquer tel autre verbe, inusité à certains temps ou à certaines personnes, et qui pour cette raison est appelé *défectif*. Enfin il les exercera à conjuguer des verbes de l'une et de l'autre espèce.

Une excellente méthode à suivre dans l'enseignement de la grammaire, surtout à l'égard des enfants qui apprennent la syntaxe, c'est de leur faire revoir le samedi toutes les leçons de la semaine. Cette étude rétrospective est pour eux de la plus grande utilité, en ce qu'elle leur grave dans la mémoire des notions peut-être près de s'effacer, et leur permet de rapprocher les unes des autres des règles qui souvent se complètent ou se modifient réciproquement [1].

II. Application des règles. Il ne suffit pas, pour savoir l'orthographe grammaticale, d'avoir étudié les règles de la grammaire, ni même de les avoir bien comprises. Il faut encore, sous peine d'être exposé à tomber dans une foule d'erreurs, reconnaître à la première vue les phrases ou les mots qui s'y rapportent. Tel est le but que l'on se propose d'atteindre par les exercices d'orthographe grammaticale. Ces exercices devront donc être en quelque sorte calqués sur les leçons apprises, s'appliquer spécialement à deux ou trois règles récemment étudiées, puis présenter, par intervalles, des résumés plus ou moins étendus.

Il existe un grand nombre de recueils, rédigés à peu près sur le plan que nous venons d'indiquer. Mais les auteurs de ces ouvrages, soit dans l'espérance d'obtenir des résultats plus rapides, soit pour éviter la perte de temps qu'occasionnent les dictées, ont cherché le moyen de pouvoir mettre leurs exercices entre les mains des enfants, sans ôter à ceux-ci le mérite de l'application des règles. Ils ont donc à dessein commis des erreurs, dans les mots ou les constructions de phrases se rapportant aux règles qu'il s'agissait d'appliquer. Or les uns ont entièrement dissimulé ces erreurs dans le texte, et c'est spécialement à leurs recueils qu'on donne les noms de *cacographies* ou de *cacologies*, selon que les fautes commises sont des fautes

[1] La grammaire qui nous paraît la plus convenable pour les jeunes enfants des écoles, c'est la petite grammaire de Lhomond, revue et complétée par Guérard.

d'orthographe ou des fautes de français. Les autres ont distingué du texte, en les présentant sous des caractères différents, les mots mal écrits et les expressions fautives, ou quelquefois ont remplacé par un simple tiret le mot sur lequel ils voulaient appeler l'attention.

La première espèce de recueils est essentiellement vicieuse et doit être proscrite. On sait que les yeux jouent un très grand rôle dans l'étude de l'orthographe : les cacologies et les cacographies, en présentant de grossières fautes aux regards des élèves, seraient donc pour eux une source d'erreurs, plutôt qu'un moyen d'instruction. Elles les exposeraient d'ailleurs à trouver, dans des mots correctement écrits, ces fautes mêmes qu'on leur dit de corriger. Quant aux recueils de la deuxième espèce, on peut sans inconvénient, s'ils sont approuvés par l'autorité compétente, les mettre entre les mains des enfants. Ceux-ci se réunissent ordinairement en groupes pour s'en servir; chaque élève corrige un mot ou une phrase, et apporte les raisons sur lesquelles il fonde sa correction.

Quelque utiles que soient ces exercices pour l'étude de l'orthographe grammaticale, nous ne croyons pas qu'ils puissent entièrement remplacer les dictées ; nous conseillons donc au maître d'employer alternativement les deux moyens. Il prendra ses sujets de dictées dans la partie corrigée des recueils dont nous venons de parler, ou, par de légères modifications, adaptera aux règles étudiées des morceaux intéressants tirés de quelques bons auteurs.

III. Analyse. Le troisième moyen d'apprendre l'orthographe grammaticale, c'est l'*analyse*, qui porte le nom d'analyse grammaticale ou d'analyse logique, selon qu'elle décompose la proposition en ses éléments grammaticaux (mots), ou en ses parties essentielles (sujet, verbe, attribut).

Comme l'analyse logique se rapporte plus à la composition qu'à l'orthographe, nous n'en parlerons pas ici; mais nous n'entendons nullement condamner la conduite des instituteurs qui, chargés de la direction d'écoles importantes, complètent leur enseignement par cet exercice, pourvu toutefois qu'ils en usent avec discrétion et sobriété.

Quant à l'analyse grammaticale, si elle doit aussi être contenue dans de justes limites, nulle part elle ne peut être négligée. On n'attendra pas, pour en faire commencer l'étude, que les enfants aient appris la première partie de la grammaire. Dès qu'ils en auront vu les trois ou quatre premiers chapitres, on les exercera à reconnaître, dans des assemblages de mots qu'on leur proposera, la nature ou la classe, l'espèce, le genre et le nombre de chacun. Une fois le verbe étudié, on pourra leur faire analyser des propositions entières, mais ces propositions seront d'abord très-simples, et les mots y seront présentés dans l'ordre grammatical. On devra même, pour ceux-ci, indiquer les moyens mécaniques propres à en faire découvrir la nature et la fonction. Ces moyens, auxquels sans doute il faut préférer ceux qui reposent sur le raisonnement, sont beaucoup plus faciles pour les commençants.

Lorsque les dix parties du discours auront été étudiées, et que les élèves auront déjà acquis une certaine habitude, les sujets d'analyse seront plus longs et plus difficiles. Ils contiendront des inversions, des ellipses et des pléonasmes, de ces phrases où l'on rencontre des mots qui, de forme identique, appartiennent cependant à des classes ou à des espèces différentes; quelquefois même de ces locutions appelées *gallicismes*, qu'il n'est possible d'analyser d'une manière rationnelle qu'autant qu'elles sont remplacées par des expressions équivalentes.

L'analyse se fera avec brièveté et simplicité, presque toujours de vive voix, Dans le petit nombre de cas où elle sera faite par écrit, les élèves se borneront à indiquer la nature, l'espèce, les accidents et la fonction de chaque mot. Mais ils devront présenter ces indications avec beaucoup d'ordre et de netteté. Un excellent moyen à employer pour cela, c'est de diviser les pages du cahier d'analyse en colonnes semblables à celles du tableau ci-contre.

L'analyse écrite sera corrigée comme les dictées d'orthographe, et d'après les mêmes principes.

MODÈLE DE TABLEAU POUR L'ANALYSE ÉCRITE.

MOTS	NATURE ou CLASSE.	ESPÈCE.	ACCIDENTS.						FONCTION.
			conjugaison.	mode.	temps.	personne.	genre.	nombre.	
Vous	pronom	personnel,	»	»	»	2e pers.	»	plur.	sujet de *étudiez*.
étudiez	verbe	actif	1re conj.	indic.	prés.	2e pers.	»	plur.	» »
la	article	simple	»	»	»	»	fém.	sing.	annonce que *grammaire* est déterminé.
grammaire	nom	commun	»	»	»	»	fém.	sing.	compl. dir. de *étudiez*.
française.	adjectif	qualificatif	»	»	»	»	fém.	sing.	qualifie *grammaire*.

TROISIÈME PARTIE

ÉDUCATION MORALE ET RELIGIEUSE

Plus importante que l'éducation intellectuelle, qui éclaire l'esprit, l'éducation morale forme le cœur, c'est-à-dire qu'elle corrige les défauts du caractère, qu'elle détruit ou prévient les mauvaises habitudes, qu'elle dispose la volonté à suivre les préceptes de la vertu, qu'en un mot elle assure l'observation de la loi que tout homme, vivant en société, trouve gravée au fond de son cœur, et qu'on appelle *la loi naturelle.*

Cette loi émane visiblement de Dieu lui-même, puisqu'autrement elle ne serait qu'une inexplicable illusion de l'esprit humain. Elle est donc, sous ce rapport, une véritable loi religieuse. D'un autre côté, la loi religieuse proprement dite reproduit exactement les préceptes de la loi naturelle. Sans doute elle complète, élève, ennoblit et perfectionne les devoirs que celle-ci nous impose, elle les éclaire de sa divine lumière, et en facilite l'accomplissement par les moyens spirituels qu'elle met à notre disposition; mais elle n'a avec elle qu'un seul et même objet : l'amour du bien et la pratique de la vertu[1]. Il suit de là qu'il est également impossible d'isoler la religion de la morale et celle-ci de la religion : c'est pour cela que nous avons cru devoir les réunir sous un titre commun, dans cette partie de notre cours.

[1] « La religion naturelle, a dit quelque part Voltaire lui-même, « est le commencement du christianisme, et le christianisme est « la loi naturelle perfectionnée. »

Il est permis d'assurer, avec Montesquieu et tant d'autres, qu'une vie conforme aux principes de la morale chrétienne procure à l'homme tout le bonheur qu'il peut espérer ici-bas[1]. En effet, poursuivant le vice sous toutes les formes, la loi évangélique étouffe, dans leur germe, la plupart des maux qui désolent l'humanité, tandis que, par la douce influence des vertus qu'elle fait naître, elle remplit le cœur d'une paix ineffable, que les douleurs les plus vives, les coups les plus terribles de la fortune peuvent à peine altérer. C'est donc surtout en donnant l'éducation morale et religieuse, que l'Instituteur se rendra vraiment utile à ses élèves. Pour réussir dans cette belle mais difficile entreprise, il aura quatre obligations principales à remplir : 1° Étudier le caractère des enfants; 2° combattre certains défauts trop ordinaires à leur âge; 3° leur faire conserver ou acquérir certaines vertus essentielles; 4° employer divers moyens, d'une efficacité reconnue, pour fortifier en eux l'instinct moral et le sentiment religieux.

CHAPITRE I.

Étude des principales différences que présente le caractère des enfants.

Voici ce que dit à ce sujet M. Barrau, aux paroles duquel nous nous garderons bien de rien ajouter.

« Les enfants ont des traits généraux qui leur sont « communs à tous ; mais il est une infinité de traits « particuliers qui les différencient. Il n'est peut-être « pas plus difficile de trouver deux feuilles d'arbre en-

[1] « La religion chrétienne, qui ne semble avoir d'objet que la « félicité de l'autre vie, fait encore notre bonheur dans celle-« ci. » (*Esprit des Lois.*)

« tièrement semblables que deux caractères d'enfants
« parfaitement jumeaux.

« Entreprendre de les réduire tous au même niveau,
« ce serait forcer la nature ; chercher à les diriger par
« les mêmes ressorts, ce serait tenter l'impossible.
« L'Instituteur étudiera donc soigneusement tous ces
« caractères divers; il recueillera tous les renseigne-
« ments que les parents de ses élèves, leurs voisins,
« leurs amis pourront lui transmettre ; il les observera
« sans affectation dans les promenades et dans les jeux,
« où le naturel, affranchi des contraintes de la classe,
« éclate dans toute sa liberté; il gagnera leur confiance
« et obtiendra d'eux la révélation des secrètes pensées
« de leur cœur. Par une telle étude, il parviendra à
« les bien connaître, et il emploiera avec chacun d'eux
« les moyens les plus appropriés à sa nature.

« Il en est dont le naturel vif et enjoué ne sait rien
« prendre au sérieux, et dont les fautes, toujours cau-
« sées par la légèreté, sont à peu près sans conséquence.

« Il en est d'autres dont l'humeur est sombre et
« farouche, et qui, lorsqu'ils font le mal, le font avec
« une préméditation coupable.

« Chez quelques-uns un extérieur doux, modeste et
« docile est l'indice des qualités les plus heureuses ;
« chez d'autres ces mêmes dehors cachent une hypo-
« crisie profonde et servent de voile à tous les vices.

« Il y en a (et j'ose à peine le dire) à qui il ne faut
« jamais montrer d'amitié : l'affection qu'on leur
« témoigne les rend orgueilleux et insolents.

« Il y en a qu'il faut bien se garder de blesser par
« un mot un peu vif; ils s'en exagèrent l'importance,
« se croient en butte à l'indifférence et au mépris, se
« découragent et ne travaillent plus.

« D'autres au contraire languiraient s'ils n'étaient
« réveillés par des paroles vives ; sans cette animation
« extérieure du maître qui se communique à eux, ils
« déconcerteraient toutes les mesures par une incurable
« apathie.

« Il en est à qui il faut parler avec une familiarité ami-
« cale, qui les anime et les remplit de joie et d'espoir.

« Avec d'autres la voix doit toujours être grave, le
« maintien sévère ; il faut les tenir à distance.

« Il en est que la crainte soutient, d'autres qu'elle
« abrutit et décourage.

« Il en est de si ardents, de si impétueux, qu'il
« faut les modérer même dans le bien, et employer
« sans cesse avec eux la bride et le mors.

« Il en est qu'il faut savoir deviner, et qui, sous un
« extérieur presque stupide, cachent un esprit péné-
« trant et une sensibilité profonde.

« Je m'arrête, car vouloir détailler les traits qui
« différencient tous les caractères des jeunes élèves,
« ce serait entreprendre une tâche infinie.

« Au commencement de son exercice, l'Instituteur
« se trompera peut-être plus d'une fois dans l'appré-
« ciation des caractères. Dès que ses propres observa-
« tions ou les sages remontrances d'un supérieur ou
« d'un ami l'auront averti de son erreur, il se hâtera
« de la réparer. Plus il avancera dans la carrière, plus
« ses fautes deviendront rares. Il acquerra insensible-
« ment, et ce tact qui fait apprécier promptement et
« sûrement les caractères, et cette habitude qui fait
« que, presque sans y penser, l'on emploie instincti-
« vement avec chacun d'eux le moyen qui doit
« réussir. » (*Direction morale pour les Instituteurs.*)

CHAPITRE II.

Défauts particuliers à combattre chez les enfants.

Cette étude des caractères, qui nous permettra d'en distinguer les nuances diverses, nous fera aussi découvrir dans nos élèves les premières atteintes du vice, ou peut-être de mauvaises habitudes déjà contractées. En effet, il ne faut pas se le dissimuler, un grand nombre des enfants qui se présentent à l'école ont été négligés par leurs parents, quelques-uns même ont subi, au sein de la famille, de funestes influences. Quant à ceux qu'une constante sollicitude a mis à l'abri de toute impression fâcheuse, ils ne sont pas non plus sans défauts, car, s'il est vrai que l'âme candide des enfants se montre naturellement sensible aux charmes du bon et du beau, il faut aussi reconnaître que le germe du mal est au fond de leur cœur, comme du cœur de tous les hommes. Or les défauts que l'on rencontre ordinairement en eux, et que l'on devra s'attacher à combattre, sont : la sensualité, la paresse, le mensonge, la jalousie et le désir de la domination.

I. Sensualité. — Fruit de notre corruption originelle, la sensualité, ce désir immodéré des jouissances des sens, est le défaut qui se révèle le premier dans l'enfance. On ne s'en étonnera pas, si l'on considère que, d'après les lois de la nature, le développement des organes précède l'éveil de l'intelligence, et qu'ainsi, longtemps avant d'être capable de réfléchir, l'enfant se trouve en présence du plaisir et de la douleur.

Guidé par le seul instinct de la conservation, il a bientôt fait son choix : il se porte vers l'un et fuit l'autre avec toute son énergie. Mais il résulte de là que la partie matérielle de son être a déjà pris sur lui beaucoup d'empire, quand la partie spirituelle, à laquelle le commandement appartient, sommeille encore.

C'est par suite de cette priorité de la vie animale que la sensualité se manifeste de si bonne heure chez les enfants ; qu'ils recherchent avec avidité les friandises et les mets de leur goût, et qu'ils en mangent souvent avec excès ; qu'ils sont peu disposés à partager avec les autres ce qu'ils peuvent retenir pour eux-mêmes ; que dans la plupart de leurs actions ils ont en vue la satisfaction de leurs sens ; qu'enfin ils estiment par-dessus tout ce qui leur paraît propre à augmenter leur bien-être.

L'Instituteur ne négligera rien pour les corriger de ce défaut, qui peut être la source de beaucoup d'autres. Il commencera par leur faire comprendre que, des deux principes dont l'homme se compose, l'âme et le corps, l'un le rend semblable à Dieu même, l'autre le rapproche des animaux sans raison ; que le premier, doué des plus nobles facultés, est destiné à connaître, aimer et posséder l'être infiniment parfait ; que le second, tiré de la poussière où il doit bientôt rentrer, n'est qu'une prison incommode, qui tient l'âme éloignée de sa fin et du lieu de son repos.

Ensuite il leur apprendra que l'âme et le corps ont des tendances tout opposées ; que la vie de l'homme est par conséquent un combat perpétuel entre ces deux principes ; que victorieuse dans la lutte, l'âme conserve sa dignité et ses immortelles espérances ; que vaincue elle s'avilit et se déshérite, sans profit réel pour le corps, qui ne peut se sauver qu'avec elle.

Il leur dira encore que l'homme qui vit de l'esprit est seul capable d'actions grandes et généreuses; que d'ailleurs la tempérance est la plus sûre garantie d'une existence heureuse, d'une jeunesse sans orages et d'une vieillesse sans infirmités; que l'intempérance au contraire fait descendre au niveau de la brute celui qui s'y abandonne, qu'elle remplit son cœur d'amertume, qu'elle occasionne une foule de maladies et s'expie même souvent par une mort prématurée.

II. Paresse. — Un autre défaut, que la sensualité nourrit après l'avoir fait éclore, c'est la paresse. Déjà nous avons indiqué, en traitant de la discipline de l'école, quelques-uns des moyens à employer pour combattre cette fâcheuse disposition, que l'on rencontre chez la plupart des enfants. Mais c'est à un point de vue plus élevé qu'il convient de l'attaquer ici. L'Instituteur présentera la paresse à ses élèves comme un grave désordre, comme une violation de la loi de Dieu, qui a lui-même imposé le travail à l'homme pécheur. Il leur apprendra qu'elle peut avoir les suites morales les plus désastreuses, en ouvrant l'accès du cœur à tous les vices. Il devra aussi leur en exposer les conséquences matérielles, plus capables peut-être de produire sur eux une salutaire impression. Ainsi il leur fera voir que le désœuvrement engendre l'ennui; qu'il est pour ceux qui s'y livrent une source de privations et de chagrins; qu'il conduit ordinairement à la mendicité, souvent même au vol et à l'infamie.

Toutefois on remarquera que la paresse des enfants ne résulte pas toujours d'une aversion prononcée pour le travail, mais qu'un grand nombre d'entre eux, d'une intelligence peu ouverte ou d'un caractère indolent, se laissent effrayer et abattre par les premières difficultés qu'ils rencontrent. Afin de prévenir ce découragement funeste, le maître ne donnera à ses élèves, du moins au début, que des tâches faciles, et s'efforcera de leur rendre l'étude attrayante. « Le succès en ce point, dit « Rollin, dépend beaucoup des premières impressions, « et la grande attention des maîtres chargés des pre- « miers éléments doit être de faire en sorte qu'un en- « fant qui n'est point encore capable d'aimer l'étude « ne la prenne point dès lors en aversion, de peur que « l'amertume qu'il y aura d'abord sentie ne le suive « dans un âge plus avancé. »

III. Mensonge.—Le mensonge est encore un défaut très-commun chez les enfants, qui s'y abandonnent par le désir d'échapper aux punitions et aux réprimandes. Suivant le conseil de Locke, l'Instituteur en parlera toujours, devant ses élèves, comme de la chose du monde la plus honteuse, comme d'un vice qui déshonore entièrement l'homme, qui le dégrade et le met au rang de ce qu'il y a de plus bas et de plus méprisable.

D'un autre côté, il tâchera de les piquer d'honneur sur ce point important, d'abord en leur témoignant une grande confiance, même dans les choses où ils pourraient avoir intérêt à déguiser la vérité, ensuite en leur faisant comprendre la différence qu'il y a entre un enfant sincère, à qui l'on se fie pleinement, et un enfant dissimulé, aux paroles duquel on n'ose plus ajouter foi.

Il devra aussi éviter, pour ne pas les exposer lui-même à mentir, de punir toutes les fautes avec une égale rigueur ; il se fera une loi de pardonner aisément les fautes légères, et de relâcher quelque chose de sa sévérité pour les fautes graves qu'on lui aura franchement avouées. Mais il sera impitoyable à l'égard des enfants qui auraient été convaincus de mensonge ou de dissimulation. Non content de leur retirer les petites charges qu'ils pourraient avoir à remplir auprès de leurs condisciples, il leur infligera quelqu'une des punitions que nous avons indiquées ci-dessus, et leur fera sentir, jusqu'à ce qu'il ait éprouvé leur sincérité, qu'ils ne jouissent plus de sa confiance.

IV. Jalousie.—Quoique la plupart des enfants qui fréquentent les écoles appartiennent aux classes inférieures de la société, c'est-à-dire à celles qui sont obligées de chercher dans les travaux manuels leur pain quotidien, cependant, suivant le degré d'aisance des familles, il y a parmi eux des différences qui excitent la cupidité des moins favorisés, et remplissent leur cœur de tristesse. A leurs yeux, l'enfant dont les parents sont à l'abri du besoin est un heureux du siècle; le vêtement qu'il étrenne, les chaussures légères qui lui permettent de courir, le joujou avec lequel il s'amuse, le morceau de pain blanc destiné à son modeste repas, ce sont là autant d'avantages qui éveillent la jalousie au fond de leur cœur.

S'il n'est étouffé à sa naissance, ce sentiment bas et aveugle se développera rapidement en eux, fera le tourment de leur vie, et plus tard, en changeant d'objet, sera peut-être pour la société une source de dangers. L'Instituteur devra donc, dans l'intérêt public, comme dans l'intérêt particulier de ses élèves, s'appliquer à le combattre, même avant qu'il l'ait vu se manifester.

Il commencera par imprimer à la jalousie la flétrissure que mérite ce vice odieux. Puis il apprendra aux enfants que l'inégalité des conditions est une grande loi établie par la sagesse divine; qu'elle est le résultat nécessaire de l'état de société auquel l'homme a été destiné; que cette différence des rangs et des fortunes est la condition essentielle des progrès généraux de l'humanité; qu'elle tourne par conséquent au profit de chacun, puisque tout homme, si humble que soit le rôle que la Providence lui a marqué, participe aux bienfaits de la civilisation; qu'au contraire une foule de privations seraient, pour le pauvre comme pour le riche, la conséquence inévitable d'une égalité parfaite.

Il s'efforcera ensuite de leur faire comprendre que le bonheur de la vie est indépendant de la condition où l'on est placé; que chaque homme, riche ou pauvre, se fait à lui-même sa part de biens réels, suivant la manière dont il sait régler sa conduite et modérer ses désirs, et que le simple artisan qui vit content de son sort, ou travaille avec calme à l'améliorer, goûte souvent, dans son humble position, plus de bonheur que l'on n'en trouve au sein de la grandeur et de l'opulence; que d'ailleurs la Providence a ménagé, pour les situations les moins favorisées en apparence, des avantages qui en compensent les inconvénients, tandis que les dons de la fortune exposent ceux qui les ont reçus à mille tentations dangereuses, à mille accidents funestes.

Enfin il leur dira qu'il n'est donné à personne d'être véritablement heureux ici-bas; que les richesses, les honneurs, les plaisirs, objets ordinaires de la cupidité des hommes, sont incapables de remplir l'immensité du cœur; que, suivant les décrets de la Providence, le temps passé sur la terre est un temps d'expiation et d'épreuve ; que les impatients qui veulent être heureux dès cette vie ne le seront ni maintenant ni plus tard ; mais que les vrais sages, ceux qui savent attendre, seront un jour enivrés d'ineffables délices, et que leur félicité, dans la patrie céleste, sera d'autant plus grande qu'ils auront eu moins de part aux faux biens de ce monde.

V. Désir de la domination. — Un cinquième défaut que l'Instituteur rencontrera dans la plupart de ses élèves, c'est le désir de la domination. Cette disposition vicieuse se manifeste chez les enfants, tantôt par la manie qu'ils ont de mesurer leurs forces entre eux, et par les provocations et les querelles qui en sont la suite ; tantôt par l'énergie avec laquelle ils prétendent imposer leur volonté, ou par la résistance qu'ils opposent à la volonté d'autrui ; quelquefois par l'ambition avec laquelle ils poursuivent le premier rang; trop souvent par les mauvais traitements dont ils usent envers les animaux.

Le désir de la domination est, au sentiment de Locke, la source de la plupart des injustices qui troublent la vie humaine. L'Instituteur ne devra donc rien négliger pour étouffer dans le cœur de ses élèves cette dangereuse passion.

D'abord il leur dira que la vraie grandeur consiste à se vaincre soi-même, à faire le bien, à éviter le mal; que la force musculaire est le dernier avantage dont la créature raisonnable puisse s'enorgueillir, puisqu'un grand nombre d'animaux l'emportent sur nous à cet égard, et que celui qui aime à faire redouter la vigueur de son bras est semblable à ces bêtes féroces que chacun craint de rencontrer; que l'on ne hait pas moins l'homme impérieux et arrogant, qui prétend plier tout le monde à ses caprices, sans tenir lui-même aucun compte de la volonté des autres; que l'on évite d'avoir des rapports avec lui, et que personne ne prend part aux nombreux accidents qui lui arrivent.

Ensuite il punira de la manière la plus sévère les injures, les querelles, tout acte de violence, de colère ou de vengeance. Il sévira particulièrement contre les provocateurs, et, afin de les humilier davantage, il exigera qu'ils fassent réparation à leurs condisciples offensés.

Les efforts que font les enfants pour occuper le premier rang, efforts louables tant qu'ils n'excèdent pas les limites d'une raisonnable émulation, peuvent aussi avoir pour mobile la passion de dominer, et alors ils entretiennent dans le cœur un orgueil non moins ridicule qu'insupportable. L'Instituteur s'efforcera de prévenir ou de réprimer ce désordre, en disant à ses élèves que nul n'a le droit de tirer vanité de ses talents, qui sont un don gratuit de l'auteur de tout bien ; que celui qui a été favorisé de ce côté est souvent privé d'avantages d'une autre nature, très-communs autour de lui ; que d'ailleurs l'homme le plus instruit ne sait rien en comparaison de ce qu'il pourrait savoir, et que l'élève qui obtient le plus de succès à l'école est d'une ignorance profonde par rapport à quiconque sait réellement quelque chose.

C'est encore par suite de leur penchant pour la domination que les enfants s'amusent à tourmenter les animaux. Assujettis, en raison de leur âge, à une continuelle subordination, ils sont heureux de trouver des êtres sur lesquels ils puissent à leur tour exercer une sorte de puissance, et ils satisfont d'autant plus librement leurs tyranniques fantaisies, qu'ils comprennent peu la souffrance qui ne se révèle pas par des gémissements ou par des larmes. Toujours blâmable, même quand elle est le résultat de l'irréflexion, la brutalité envers les animaux est odieuse lorsqu'elle a pour cause ces accès de fureur ou l'extravagance le dispute à la barbarie. Qui ne serait, en effet, saisi d'indignation en voyant, comme l'occasion s'en présente encore si souvent, écraser de coups une malheureuse bête de somme, excédée de fatigue peut-être, ou épuisée par un long jeûne? L'Instituteur dévoilera aux yeux de ses élèves tout ce qu'il y a de lâcheté et de folie dans une pareille conduite, et il tâchera de les préserver d'une habitude qui les exposerait, en émoussant leur sensibilité, à se montrer durs aussi envers leurs semblables. Il devra donc, suivant le conseil de M. de Gérando, « leur faire remarquer les services que les « animaux domestiques rendent à l'homme, les bienfaits « qu'ils attendent de lui, l'affection dont ils le payent « en retour. Il leur enseignera à considérer dans les « animaux, quels qu'ils soient, l'ouvrage du Créateur, « et un de ses ouvrages les plus remarquables; à obser- « ver leur structure, leur organisation, leur instinct; « et il les intéressera ainsi à ces créatures animées et « sensibles, qui, sous mille formes diverses, peuplent « la terre et y respirent en société avec l'homme. »

CHAPITRE III.

Vertus essentielles à conserver ou à établir dans le cœur des enfants.

En luttant sans relâche contre les défauts ordinaires des enfants, l'Instituteur réussira sans doute à les en corriger et à leur faire acquérir les habitudes contraires. Il les éloignera ainsi des jouissances grossières des sens ; il leur inspirera l'amour du travail et le respect de la vérité ; il éteindra en eux la cupidité envieuse, et cette ardeur de dominer qui les possède. Mais là ne doivent pas se borner ses efforts ; il n'aura rempli sa mission d'une manière complète qu'autant qu'il aura développé dans le cœur de ses élèves tous les sentiments louables, qu'il y aura établi toutes les habitudes honnêtes. Or, parmi les vertus qu'il importe à l'homme d'acquérir, les unes ont spécialement pour objet le perfectionnement moral, les autres ont un caractère plus religieux.

ARTICLE I.

Vertus morales proprement dites.

Les vertus morales peuvent elles-mêmes se diviser en vertus privées, vertus domestiques et vertus sociales, suivant que les devoirs qu'elles nous font accomplir se rapportent à notre personne, à notre famille ou à nos concitoyens. Sans nous préoccuper de cette distinction, nous allons dire un mot de chacune des vertus morales les plus importantes.

I. Pureté des mœurs.—Une vertu qui exerce sa bienfaisante influence sur l'homme tout entier, qui, plus qu'aucune autre, entretient la paix dans son cœur et le préserve de ces chutes lamentables qu'il faut souvent expier par la douleur ou par la honte, c'est la sainte vertu de pureté. La plupart des enfants en sont ornés, lorsqu'ils se présentent à l'école ; il s'agit donc moins de leur faire acquérir ce précieux trésor que d'empêcher, par des précautions multipliées, qu'il ne vienne à leur échapper.

« Souvent un jeune enfant est remis entre les mains « du maître, plein de candeur et de naïveté : il sort de « l'école, perdu et gâté. Pour quelques lambeaux de « science humaine qu'il a recueillis pendant ses « années d'étude, il a reçu un poison funeste qui con- « sumera son âme et son corps. C'est au prix de la plus « belle des vertus qu'il aura acheté quelques lueurs « d'intelligence. Quel compte terrible les parents ne « pourront-ils pas demander à celui qu'ils ont investi « de leur confiance, si c'est par sa coupable indifférence « que leur enfant est tombé dans la fange du vice! L'at- « tention et la conscience de l'Instituteur seront donc « sans cesse éveillées sur ce point.

« Dans les écoles de village, où la faiblesse de la « population ne permettra pas d'entretenir deux écoles « séparées pour les enfants des deux sexes, les garçons « et les filles, réunis dans la même salle, seront rigou- « reusement séparés par une cloison d'un mètre au « au moins de hauteur. Les lieux d'aisance, pour les « uns et pour les autres, seront à distance convenable.

« Un intervalle de quinze minutes au moins sépa- « rera la sortie des filles de celle des garçons, afin qu'il « n'y ait au dehors aucun contact entre les deux sexes.

« L'Instituteur veillera à ce que, dans les récréations, « chacun participe aux jeux de tous, et à ce que quel- « ques enfants ne se tiennent pas isolés des autres. Il « surveillera avec plus de soin ceux qui auraient une « disposition marquée à la mélancolie, à la taciturnité.

« Il punira sévèrement ceux qui se permettraient des « conversations indécentes. Sa vigilance sera constam- « ment occupée à découvrir les mauvais livres et les « mauvaises images qui pourraient s'introduire dans

« l'école ; il les détruira aussitôt en présence de tous, et « infligera un châtiment rigoureux à celui que les aura « apportés. Si le même élève retombe plusieurs fois « dans des fautes de ce genre, il faudra que l'intérêt « d'un seul cède à l'intérêt général ; il faudra que l'en- « fant corrupteur soit éloigné à tout prix de ceux qu'il « gâterait par la contagion du vice. » A. Rendu.

II. Piété filiale.—Aimer ses parents, c'est chercher à leur être agréable, c'est se plaire avec eux, exécuter leurs ordres avec empressement, suivre leurs conseils avec déférence, les consoler dans leurs peines, les assister dans leurs besoins, les entourer de soins dans leurs maladies, enfin prier pour eux pendant leur vie et après leur mort. Or, cet amour des parents repose sur la gratitude qu'inspirent naturellement à tout être sensible les bienfaits dont il a été comblé. Il commence donc avec la vie, et n'est pas moins profond qu'il n'est légitime.

Cependant certaines causes peuvent altérer dans les enfants le sentiment de la piété filiale. Quelques parents sont malheureusement dominés par des passions honteuses, qui inspirent l'aversion et le mépris ; d'autres, moins coupables sans doute, mais bien imprudents, manifestent dans leurs familles de fâcheuses prédilections. Il en est d'une violence extrême, qui traitent avec brutalité des enfants innocents peut-être, ou coupables d'une simple étourderie. Ceux mêmes que la sagesse et la raison dirigent sont souvent obligés, précisément parce qu'ils comprennent leurs devoirs, de faire couler les larmes de leurs enfants, de contrarier leur humeur, de leur imposer des privations, d'exiger d'eux des efforts qui leur coûtent.

Il est donc utile que l'Instituteur rappelle à ses élèves tout ce qu'ils doivent à leurs parents ; qu'il leur retrace ces soins si tendres prodigués à leur enfance ; ces rudes fatigues courageusement endurées pour leur entretien et leur bien-être ; cette vigilante sollicitude dont la plupart n'ont pas un seul instant cessé d'être l'objet.

Il tâchera de les habituer à voir une preuve de la tendresse paternelle jusque dans les mesures auxquelles une juste sévérité sera par fois obligée d'avoir recours.

Il s'efforcera de leur faire comprendre que les auteurs de nos jours ont sur nous, à ce seul titre, quelle que soit leur conduite à notre égard, une autorité inviolable et sacrée ; qu'après avoir été les instruments dont la Providence s'est servie pour nous donner l'être, ils en sont auprès de nous les représentants directs ; qu'il y aurait par conséquent une sorte d'impiété à leur refuser notre respect ou notre amour ; qu'aussi, dans tous les temps et dans tous les lieux, on a considéré comme des monstres les enfants qui, sous prétexte d'avoir à se plaindre de leurs parents, ont eu le triste courage de les outrager ou de les poursuivre de leur haine.

Il leur dira que les faiblesses mêmes auxquelles il peut arriver à nos parents d'être sujets ne sauraient leur faire perdre les droits qu'ils ont à notre respect ; que s'il nous est permis de déplorer leurs désordres, nous devons nous garder de les leur reprocher autrement que par notre silence ou par nos larmes ; que la dignité paternelle nous oblige à détourner la vue, quand ils ont eu le malheur de s'y livrer ; que c'est également un devoir pour nous de leur donner avec empressement les soins que peut alors réclamer leur état ;

qu'enfin nous ne devons cesser de demander à Dieu qu'il les touche de sa grâce et les rende dignes de toute notre tendresse.

III. Amour fraternel.—« Entre les enfants qui ha-« bitent sous le même toit, qui mangent à la même « table, qui reçoivent en commun les soins des mêmes « parents et qui portent le même nom, il s'établit « naturellement une étroite sympathie, d'où résulte « une mutuelle bienveillance. Chaque enfant sait d'ail-« leurs qu'en vivant amicalement avec ses frères, il fait « plaisir à ses parents ; et c'est ainsi que la piété filiale, « en consacrant l'amour fraternel, lui prête son appui[1]. »

Cependant il n'est pas rare de voir languir, dans les familles, le sentiment si doux de l'amour fraternel. Les défauts du caractère, d'autant plus sensibles qu'ils sont vus de plus près, la préférence donnée à quelques enfants par des parents aveugles, la diversité ou la lutte des intérêts : ce sont là autant de causes qui divisent souvent les frères, lorsqu'elles ne vont pas jusqu'à les transformer en ennemis déclarés.

L'Instituteur ne négligera aucun moyen de protéger contre ces écueils le sentiment de l'amour fraternel. *La nature*, pourra-t-il dire à ses élèves, *nous fait un devoir d'aimer tous les hommes ; mais cette obligation, que la religion nous impose à son tour, est bien plus étroite, quand il s'agit de nos frères ou de nos sœurs, qui sont notre chair, notre sang et pour ainsi dire d'autres nous-mêmes. S'ils nous ont précédés dans la vie, comme ils ont partagé avec nos parents les soins prodigués à notre enfance, nous ne faisons, en les aimant, qu'acquitter à leur égard une dette*

[1] Le P. Girard, *Cours éducatif de langue maternelle.*

sacrée. Si au contraire ils sont plus jeunes que nous, nous devons les aimer, précisément à cause de la faiblesse de leur âge et du besoin qu'ils ont de nos services. Sont-ils d'un caractère peu aimable ? songeons que nous avons aussi des défauts, et que, plus qu'eux peut-être, nous exerçons la patience d'autrui. Reçoivent-ils de nos parents des témoignages particuliers d'affection qui nous paraissent immérités ? gardons-nous de leur porter envie; plaignons-les plutôt, en pensant que les enfants pour qui les parents ont eu des préférences sont rarement ceux qui réussissent le mieux. Surtout que le vil intérêt ne vienne jamais troubler l'harmonie de nos rapports ! N'est-il pas honteux de préférer à l'amitié des siens quelques pièces de monnaie, comme si la concorde n'était pas le plus précieux trésor des familles ? Qu'un succès inattendu couronne nos entreprises : à qui notre bonne fortune causera-t-elle une joie plus sincère qu'à ceux qui nous sont unis par les liens du sang ? Qu'un secret important nous pèse : où le déposerons-nous plus sûrement que dans le sein d'un frère chéri ? Que l'affliction nous visite : qui mettra plus d'empressement à essuyer nos larmes qu'une sœur tendrement aimée ? Quelle main réussira mieux que la sienne à calmer nos souffrances, si la maladie vient nous accabler ? Non, il n'est pas d'amitié comparable à celle d'un frère ou d'une sœur, et notre intérêt seul, à défaut d'autre loi, devrait leur assurer toute notre affection.

C'est par des considérations de cette nature, présentées avec une certaine chaleur de langage, que l'Instituteur pourra prévenir ou dissiper les nuages qui trop souvent s'élèvent entre les enfants d'un même père; heureux mille fois si, grâce à ses efforts, tous les membres de chaque famille ne faisaient plus qu'un cœur et qu'une âme!

IV. Probité.—Au premier rang des vertus sociales il convient de placer la probité, qui est la base et le soutien de la société humaine. Pour comprendre l'indispensable nécessité de cette vertu, il suffit d'avoir l'idée du droit de propriété. Or, c'est là une notion qui ne tarde pas à s'établir dans l'esprit des enfants, car ils sont fort attachés à ce qu'ils possèdent, et se considèrent comme très-légitimes propriétaires de ce qu'ils ont reçu en don ou gagné par leur travail. Cependant le droit de propriété leur paraît moins clair lorsque le propriétaire est éloigné, et c'est pour cela que, parmi les enfants du peuple, un grand nombre se font peu de scrupule de s'approprier ce qu'ils trouvent exposé sur la voie publique. Ils ne se reprochent pas davantage les petits gains qu'ils peuvent avoir faits au jeu par tricherie, ni les marchés dont ils ont su tirer avantage par la ruse ou par quelque artifice.

L'Instituteur ne saurait veiller avec trop de soin à prévenir ces premières tentatives. Il commencera par enseigner à ses élèves que toute propriété est le fruit du travail, ou de la personne qui possède, ou de celles qui lui ont transmis leurs titres; qu'ainsi respecter une possession fondée sur des droits réels, c'est laisser à chacun la libre jouissance d'un bien qui ne lui appartient pas moins que les membres de son corps ou les facultés de son intelligence.

Puis il leur dira que l'épi de blé qui croît dans le champ du laboureur, que le fruit suspendu aux branches d'un arbre qui n'est point défendu par la clôture, sont placés sous la protection de la foi publique, et qu'on est plus coupable encore de dérober ce qui est ainsi laissé sans garde que ce qui est enfermé sous clef, puisque c'est joindre au préjudice causé l'abus de la confiance.

Il flétrira ensuite à leurs yeux l'industrie qui s'exerce par la fraude, en les forçant à n'y voir qu'une basse et odieuse friponnerie. Il leur fera comprendre que la violation du devoir ne s'excuse jamais par le peu d'importance de l'objet; que celui qui se permet aisément de petites injustices ne tardera pas à en commettre de grandes, et que les plus insignes voleurs ne sont souvent devenus tels, que parce qu'ils s'étaient habitués à tromper, en jouant aux noix ou aux épingles.

Il devra aussi les prémunir contre ces fausses idées qui font supposer moins de gravité aux larcins commis envers la société qu'à ceux qui dépouillent les individus, et qui, par exemple, portent souvent les habitants de la campagne à piller les bois de l'Etat ou des communes. Il leur fera remarquer que voler la société, c'est voler les individus qui la composent; qu'à la vérité le préjudice causé à chacun peut être assez léger, mais aussi que le nombre des personnes lésées est considérable.

Il les précautionnera également contre les subtilités qui favorisent l'esprit de chicane, et leur fera sentir que, sans la bonne foi, il n'y a ni probité ni société possibles; il les habituera à regarder comme chose sacrée un engagement sérieusement pris, qu'il ait été ou non constaté d'une manière authentique; enfin il les disposera à se conduire en toutes choses d'après les principes d'une scrupuleuse délicatesse [1].

V. Bienveillance et politesse.—Il ne suffit pas que nos élèves aient appris à respecter la propriété d'autrui: il faut encore qu'ils aiment leurs semblables, qu'ils craignent de les offenser et soient disposés à leur faire du bien en toute occasion. C'est là l'objet de la bienveillance, vertu précieuse, qui répand le plus grand charme sur les relations des hommes entre eux. La réunion des enfants à l'école fournira mille occasions de les exercer à la pratique de cette autre vertu sociale; car l'école, avec l'autorité qui y préside et les lois qu'il y faut observer, est pour eux une image assez fidèle de la société, au sein de laquelle ils seront admis un jour.

Mais pour réussir dans cette tâche, l'Instituteur commencera par éviter de semer lui-même au milieu de ses élèves des causes de haine et de défiance. Tous seront égaux à ses yeux, quelles que soient les différences de condition, de profession ou de fortune qui existent entre les familles. Jamais il ne manifestera de préférences capricieuses, jamais il n'accordera de faveurs imméritées. Il se gardera aussi de prêter l'oreille aux rapports qu'on voudrait lui faire. Si un enfant, tourmenté par des camarades plus forts, vient réclamer le secours de son autorité, il s'empressera d'accueillir une si juste plainte; mais il repoussera avec mépris ces délations secrètes qui irritent ceux qu'elles concernent, qui ne sont d'ailleurs le plus souvent qu'un moyen de nuire, employé par la lâcheté et la bassesse.

[1] La plupart de ces réflexions ont été empruntées à M. de Gérando, *Cours normal des Instituteurs*.

En suivant ces règles de conduite, le maître pourra espérer de faire régner l'harmonie entre ses enfants adoptifs, et de leur inspirer le sentiment d'une généreuse bienveillance. Il leur fera d'abord considérer que, quoique issus de parents différents, ils sont tous, avec le reste des hommes, les descendants d'un père commun, et par conséquent les membres d'une même famille; qu'ils portent tous, dans la ressemblance de leurs organes, le cachet de la fraternité; que tous ils éprouvent les mêmes nécessités et sont sujets aux mêmes accidents; qu'enfin ils peuvent tous avoir besoin les uns des autres.

Il leur dira ensuite qu'en causant de la douleur à un de leurs condisciples, ils se montreraient pires que les animaux sans raison, qui, guidés par le seul instinct, épargnent ordinairement les êtres de leur espèce; que d'ailleurs les reproches de leur conscience viendraient bientôt venger leur victimes; qu'au contraire, les bons offices qu'ils se rendront mutuellement rempliront leur cœur de joie, en même temps qu'ils établiront entre eux les liens de la plus douce amitié.

Puis il sera attentif à prévenir les discussions auxquelles la différence des caractères et l'opposition des humeurs donnent souvent naissance. Il ne souffrira jamais, ni qu'un élève parle avec dureté à ses condisciples, ni qu'il se permette à leur égard des plaisanteries blessantes. Il flétrira surtout de son indignation la raillerie qui s'exercerait sur quelque défaut corporel ou sur le manque d'intelligence.

Ce n'est pas encore assez : il devra ménager à ses élèves de fréquentes occasions de s'obliger réciproquement. « La bonté, dit M. de Gérando, en s'introduisant

« ainsi dans ce cercle de jeunes enfants, y exercera
« bientôt son charme puissant et son doux empire. Car
« les enfants sont bien plus accessibles qu'on ne le
« croit aux émotions généreuses. Sans doute ils ne
« comprennent pas les besoins qu'ils n'ont pas éprouvés;
« ils ne s'occupent point de ceux auxquels ils ne peu-
« vent porter secours; mais montrez-leur des maux
« qu'ils connaissent, demandez-leur une assistance qui
« leur soit possible : quelle que soit leur légèreté, leur
« cœur tout entier en sera ému, et cette émotion se
« transmettra rapidement entre eux. »

— Des enfants ainsi formés à la pratique de la bienveillance ne pourront manquer d'être polis, car, si la politesse ne prouve pas rigoureusement la bonté du cœur, il est vrai de dire qu'elle l'accompagne toujours, au moins dans une certaine mesure. Le plus sûr moyen d'être poli, c'est donc d'aimer à faire du bien, comme le secret de paraître vertueux, c'est de l'être effectivement. Cependant, outre les signes extérieurs auxquels la bienveillance se fait naturellement reconnaître, il est une délicatesse dans le langage, une douceur dans le ton, une aménité dans les formes, certains égards, certains procédés honnêtes, qui sont en quelque sorte le complément de la politesse, et dont il est désirable que les enfants acquièrent l'habitude. Il y aura d'autant plus lieu de soigner à l'école cette partie de leur éducation, que la plupart du temps elle sera complétement négligée ou même contrariée au sein de la famille.

L'Instituteur devra donc leur donner quelques règles de politesse, et il veillera, autant que possible, à ce qu'ils y conforment leur conduite. Ainsi il tâchera d'obtenir que chaque enfant, ne se bornant pas à aimer au fond du cœur ses petits camarades, les traite comme autant de frères, leur parle toujours avec affabilité, excuse aisément leurs étourderies, se montre heureux de pouvoir leur complaire

Quant à ce qui le regarde, il aura soin que les élèves le saluent respectueusement, le matin en entrant en classe, et le soir en s'en allant.

Il les obligera également à saluer les personnes plus âgées qu'ils rencontreront.

Il les habituera à se lever en présence des inspecteurs venant faire la visite de l'école, à répondre simplement et modestement aux questions qu'ils leur adresseront, à écouter avec déférence les avis qu'ils voudront bien leur donner et même les réprimandes qu'ils pourront leur faire.

Il leur recommandera aussi de céder le pas, en toute circonstance, aux vieillards et aux femmes, de ne pas se mêler inconsidérément à la conversation des grandes personnes, de ne jamais ricaner ou chuchoter en compagnie, de se découvrir toujours en parlant à MM. les ecclésiastiques, au maire de la commune, ou à quelque personnage de distinction. Etc., etc.

Les résultats qu'il aura obtenus, en ce qui concerne la politesse, tourneront à son avantage. « On conçoit « toujours une opinion favorable de l'instituteur, dit « M. Barrau, lorsqu'en entrant dans un village, on « voit les enfants jouer ensemble, sans cris et sans « disputes ; lorsqu'ils saluent l'étranger qui s'approche « d'eux, qu'ils répondent avec honnêteté à ses questions et qu'ils s'empressent à lui servir de guides. « Mais quand l'étranger, en arrivant, ne rencontre que

« des enfants grossiers, brutaux, farouches, qui s'en-
« fuient à son approche, ou qui l'entourent avec une
« curiosité insolente, peut-il croire que leur éducation
« ait été soignée? »

VI. Respect pour les supérieurs et les vieillards. —Le respect pour les supérieurs et les vieillards est encore un de ces sentiments honnêtes qu'il importe d'inculquer profondément aux enfants, car il faut avouer qu'il s'est considérablement affaibli dans notre siècle de liberté et d'égalité. Par une étrange aberration d'esprit, on s'est figuré que l'indépendance consiste à s'affranchir de toute autorité, que la liberté est incompatible avec le respect, que l'obéissance est une humiliation.

L'Instituteur s'attachera à prévenir chez les enfants ces erreurs funestes, qui, en se propageant, auraient pour effet de troubler l'ordre social et d'ébranler la prospérité publique. Il leur fera comprendre que le respect que l'on exige d'eux est la chose du monde la plus naturelle, la plus raisonnable, la plus légitime; qu'en effet il consiste à rendre un juste tribut d'hommages à tout ce qui en est digne, c'est-à-dire à honorer : dans les membres du clergé, les envoyés de Dieu, les gardiens de notre innocence, les ministres de notre salut; dans les maîtres qui nous instruisent, des hommes de dévouement et de cœur, qui, plus éclairés que nos parents, dont ils tiennent la place, se consument à nous communiquer leurs lumières et à nous assurer, par les leçons de vertu qu'ils nous donnent, une vie de paix et de bonheur; dans nos chefs d'atelier, les instruments dont la Providence se sert pour occuper nos bras et pourvoir à nos besoins; dans les vieillards, de nobles débris d'un temps qui n'est plus, de courageux athlètes fatigués par une lutte longue et difficile, enfin des sages qui ont acquis, au milieu des épreuves de la vie, cette précieuse expérience qui nous manque.

L'enfant à qui de telles considérations seront présentées reconnaîtra aisément que le respect pour toute supériorité morale, loin de l'avilir, ne peut que le relever, en attestant qu'il comprend ses devoirs; et il sera heureux de manifester ce sentiment intérieur de vénération, par les témoignages extérieurs du dévouement et de la déférence.

VII. RESPECT POUR LA LOI ET LES MAGISTRATS.—Le respect pour la loi, et pour les magistrats organes de la loi, a aussi beaucoup perdu de son ancienne énergie, souvent même a fait place au mépris et à la haine. Cette fâcheuse disposition, triste résultat du relâchement des mœurs et des erreurs politiques qui affligent notre siècle, peut devenir la source de sérieux dangers; il importe donc au plus haut point d'en arrêter les progrès, et de graver profondément dans le cœur de nos élèves le sentiment d'un devoir éminemment social. Déjà, peut-être, ces enfants ont vu violer audacieusement la loi, ont entendu maudire les législateurs qui l'ont faite, ou les magistrats chargés de veiller à son exécution. Hâtons-nous de dissiper leurs préventions, de leur apprendre ce que c'est que la loi, et quels sont les avantages qu'elle nous procure.

La loi, leur dirons-nous, *c'est la voix imposante de la société, réglant, par ses délégués, les rapports de toute nature qui s'établissent entre les citoyens, prescrivant à ceux-ci ce qu'ils doivent faire ou éviter pour le plus grand bien de tous et de chacun. Se révolter contre la loi, c'est donc attaquer la sociét elle-même, c'est vouloir la bouleverser et la détruire, puisque, sans une loi quelconque, il n'y a pas de société possible ; c'est par conséquent faire un acte qui tend à anéantir tous les fruits de la civilisa tion.*

Sans doute, pourrons-nous ajouter, *la loi nous impose des charges diverses ; mais entre les sacrifices qu'elle exige et les compensations qu'elle nous offre, il n'y a pas la moindre proportion. En effet, la paisible jouissance de nos biens, la sécurité au sein de nos familles, la liberté de conscience et la liberté individuelle, l'émancipation de l'intelligence par le précieux bienfait de l'instruction, les faciles moyens de communication livrés au commerce, la protection accordée à l'agriculture et à l'industrie, les encouragements donnés aux lettres, aux sciences et aux arts, les asiles ouverts au malheureux qui languit, au vieillard indigent, à l'orphelin délaissé : voilà quels sont, avec une infinité d'autres, les avantages que la loi nous ménage, et qui devraient lui assurer de notre part la soumission la plus complète.*

D'ailleurs, dirons-nous encore à nos élèves, *c'est surtout dans des pays libres comme le nôtre que le respect est dû à la loi, car c'est là surtout qu'elle brille par son impartiale équité. Ne connaissant ni classes ni priviléges, elle oblige tous les citoyens sans exception ; elle les protége tous de la même manière ; elle leur offre à tous la faculté de faire entendre aux gouvernants leurs réclamations ; enfin elle les admet tous à tous les emplois, sans autre condition que celle de l'aptitude, condition salutaire, qui sauvegarde l'intérêt général, et peut tourner au profit de celui-là même qui ne saurait la remplir.*

En exposant ainsi à nos élèves l'équité de la loi et les nombreux avantages qu'elle nous procure, nous leur ferons comprendre la folie de ces hommes qui osent s'insurger contre elle, et nous réussirons sans doute à les garantir d'une si coupable erreur.

ARTICLE II.

Vertus religieuses proprement dites.

Les vertus religieuses qu'il est de la plus haute importance de cultiver chez les enfants sont : 1° la piété, ou l'amour de Dieu et le respect de sa loi; 2° la charité, ou l'amour du prochain en vue de Dieu; 3° l'humilité, ou le sentiment profond qu'un vrai chrétien a de sa propre faiblesse. Mais, pour le développement de cette matière, nous renvoyons aux leçons de M. l'Aumônier les élèves-maîtres, auxquels notre travail est particulièrement destiné. Quant aux Instituteurs en exercice qui nous feraient l'honneur d'y jeter les yeux, et qui regretteraient de trouver ici une lacune, nous leur conseillons, après avoir applaudi à leur zèle, de s'éclairer des lumières de MM. leurs curés.

CHAPITRE IV.

Moyens généraux de fortifier dans les enfants l'instinct moral et le sentiment religieux.

Huit moyens nous paraissent surtout propres à développer chez les enfants l'instinct moral et le sentiment religieux. Ce sont : 1° l'exemple du maître; 2° les histoires édifiantes; 3° les chants moraux et les cantiques; 4° les exercices religieux ; 5° la considération des merveilles de la nature; 6° le souvenir de la présence de Dieu; 7° la crainte des châtiments qui menacent les transgresseurs de la loi divine; 8° enfin, l'espérance des récompenses assurées à la vertu. Mais, ici encore, nous devons nous borner à de simples indications, car le sujet dont il s'agit a aussi sa place marquée dans les conférences de M. l'Aumônier. Nous sentons d'ailleurs que, pour traiter convenablement ces graves et délicates questions, il faut toute l'autorité de langage que donnent au ministre de l'Evangile, et le caractère sacré dont il est revêtu, et l'habitude des méditations religieuses.

FIN DU COURS DE PÉDAGOGIE.

TABLE

Des Matières contenues dans le Cours de Pédagogie.

PREMIÈRE PARTIE. — ÉDUCATION PHYSIQUE.

DEUXIÈME PARTIE. — ÉDUCATION INTELLECTUELLE.

TROISIÈME PARTIE.—ÉDUCATION MORALE ET RELIGIEUSE.

FIN DE LA TABLE.

www.ingramcontent.com/pod-product-compliance
Ingram Content Group UK Ltd.
Pitfield, Milton Keynes, MK11 3LW, UK
UKHW020214250726
13967UKWH00003B/1458

9 782013 029599